滑落心際的滋味

鍾華◎著

臺灣商務印書館

【目錄】

尋味南洋

【推薦序 1】

柔美深邃．猶如名畫

在我眼裡，鍾華是位活潑，對生命充滿好奇和熱情，面對任何挑戰，都充盈著很強韌性的女孩。

鍾華曾求學於新加坡南洋理工大學，畢業後先後就職新加坡《聯合早報》和《我報》，擔任新聞編輯和記者。曾在早報副刊著有以描述飲食文化為主題的《小吃箚記》專欄，也在雜誌《源》寫以南洋味道為主的美食特稿，對美食文化的撰寫有著鮮明的個人風格。

鍾華的新作——《滑落心際的滋味》內容涉及中國和新加坡各地的美食文化，從對江南風味的無限回味，到南洋風情的細膩感受，書中以不同的觸覺和角度去解讀美食，用詞生動有趣及筆觸獨特，意境柔美且深邃，猶如一幅名畫，讓人回味陶醉……是閒情小品的佳作。

相信鍾華將會有創作的一片天空……

祝願鍾華一切都好。

郭明忠博士（Dr. George Quek）

麵包物語集團創辦人及主席

【推薦序2】

美食．美事

世間無美食，則人間無美事。

美食最美的地方，就在於誰都可以發表對美食的心得體會，這不是廚師或文人騷客的專利，古來許多美食的流傳主要還是靠市井小民的口碑，就說新加坡聞名的肉骨茶便源於新加坡河畔搬運貨物的苦力的簡單餐食。

中國自古至今，談美食的哲人、作家不計其數，而且留下不少美麗的詞章佳句，不斷刺激後人對美食的欲望。老子以「治國如烹小鮮」，把廚藝提升到了治國的境界，廚師且不能妄自菲薄；莊子以「庖丁解牛」寓言道出人生的哲理，屠夫宰牛的工夫闡揚了精益求精的精神。孔子說「不得其醬不食，割不正不食，色惡不食，臭（通嗅，指氣味）惡不食。」孔老師今天若在報上寫美食專欄的話，筆下會是很挑剔的，餐館老闆們可要小心了。

儘管古時候有「君子遠庖廚」的說法，古代文人筆記中卻常見美食紀錄，他們並不忌諱給人留下「貪吃」的印象。如宋人孟元老的《東京夢華錄》、吳自牧的《夢粱錄》、周密的《武林舊事》等。近代作家談美食見稱者，人們多半想到寫《雅舍小品》的梁實秋。被稱為思想家、革命家，為人嚴肅的魯迅在筆下也難掩其好吃的一面，人們可以在魯迅日記中找到不少他喜歡光顧的餐館名字。

新加坡有一道幾乎凡人皆知的美食曰「辣椒螃蟹」，這裡就不得不提到明清之際的一位詩人李笠翁，他有一本專寫吃喝玩樂的筆記《閒情偶寄》，對飲食有很多心得，他說：「予於飲食之美，無一物不能言之，且無一物不窮其想像，竭其幽緲而言之。」談到吃螃蟹，他自認為「心能嗜之，口能甘之……此一事一物也者，在我則為飲食中之癡情，在彼則為天地間之怪物矣……」每當螃蟹即將上市之前，他便開始存錢，家人見他嗜蟹如命，笑說這是「買命錢」。李詩人家裡有個婢女「勤于事蟹」，竟被他取名為「蟹奴」。他自嘲：「蟹乎，蟹乎，汝與吾之一生，殆相終始者乎！」如此蟹癡，賣「辣椒螃蟹」者豈能不視之為祖師爺而供奉其神像於店內，每日開店則先上香乎！

鍾華寫美食，意不在美食，事實上是在書寫其個人記憶，抒發生活情懷。是散文，也是筆記，這本書是她性情與智慧的結晶。其文字似乎淡卻細膩，文章灑脫處、幽默處、含蓄處、感懷處，即見妙語佳句，即現靈光閃爍。

如寫生魚片：「所幸廣東順德的生魚片，歷經千年風雨屹立中華美食之林，也為中國膾食留下最後的作證。」（〈從「膾炙人口」說開去〉）點出了中國生魚片的美食定位。

如寫臭豆腐：「通常臭豆腐乾需要油炸的時間比較久，表面會起泡，伴隨奇妙的臭味份子，臭豆腐乾的表面也慢慢轉成灰黑色，內裡卻還是灰白色，咬開後，更像是豆腐裡的『奧利奧』（Oreo）餅乾！樣子滑稽的臭豆腐乾切成小塊後，串上竹籤，可再油炸後調味進食，也可直接買整片豆乾大快朵頤。但切記要麼趁熱，要麼冰鎮，才有嚼勁，回味無窮。」（〈千里飄香——臭豆腐〉）把臭豆腐說得香味四溢。

如寫忘憂草，帶出了一個東北大漢的失戀故事，悠悠說來，餘音繚繞。（〈忘憂草〉）

如寫香椿，道出了一點童年記憶，大媽對小孩打盡香椿頭感到生氣是有一定的道理。（〈打盡香椿頭〉）

如寫生薑：「那遙遠的江南小城，佘家大院裡的佛手薑，是上天給芸芸眾生的禪意關懷。」（〈生薑之美，禪意關懷〉）這是此書中我最喜歡的一句神來之筆。

如寫新加坡的田雞粥，先帶出新加坡芽籠一帶的環境特色，筆鋒一轉，才讓田雞美麗登場：「……不過單單就田雞的口味而言是過重的，吃不了兩塊就會膩，好在白粥恰如其分地襯托了這份美味，讓濃郁的田雞在白粥的清甜中越發美而不膩。」（〈田雞之美不在田雞〉）

如寫新加坡的叻沙：「……配食的米粉被切為碎塊浸在湯汁中，用湯匙舀著吃，每一口都和

著濃濃的湯汁，很爽快很過癮，滋味少有地獨特鮮明。」肯定會引起新加坡讀者的共鳴。（〈一碗叻沙的思鄉情〉）

鍾華隨父母移居到中國小吃之首的古都南京生活，難怪對舌尖上的文化特有感覺。南京自六朝時期流傳至今千餘年的街頭小吃形形色色，口味繁多，她也因此能很快地進入不同地方的美食世界。再加上這幾年在新加坡報社工作，更添了幾分記者的新聞嗅覺。

舌尖上的美味與心靈上的唯美相互結合，造就了一篇又一篇的雋永小品。

嚴孟達（新加坡《聯合早報》副總編輯）

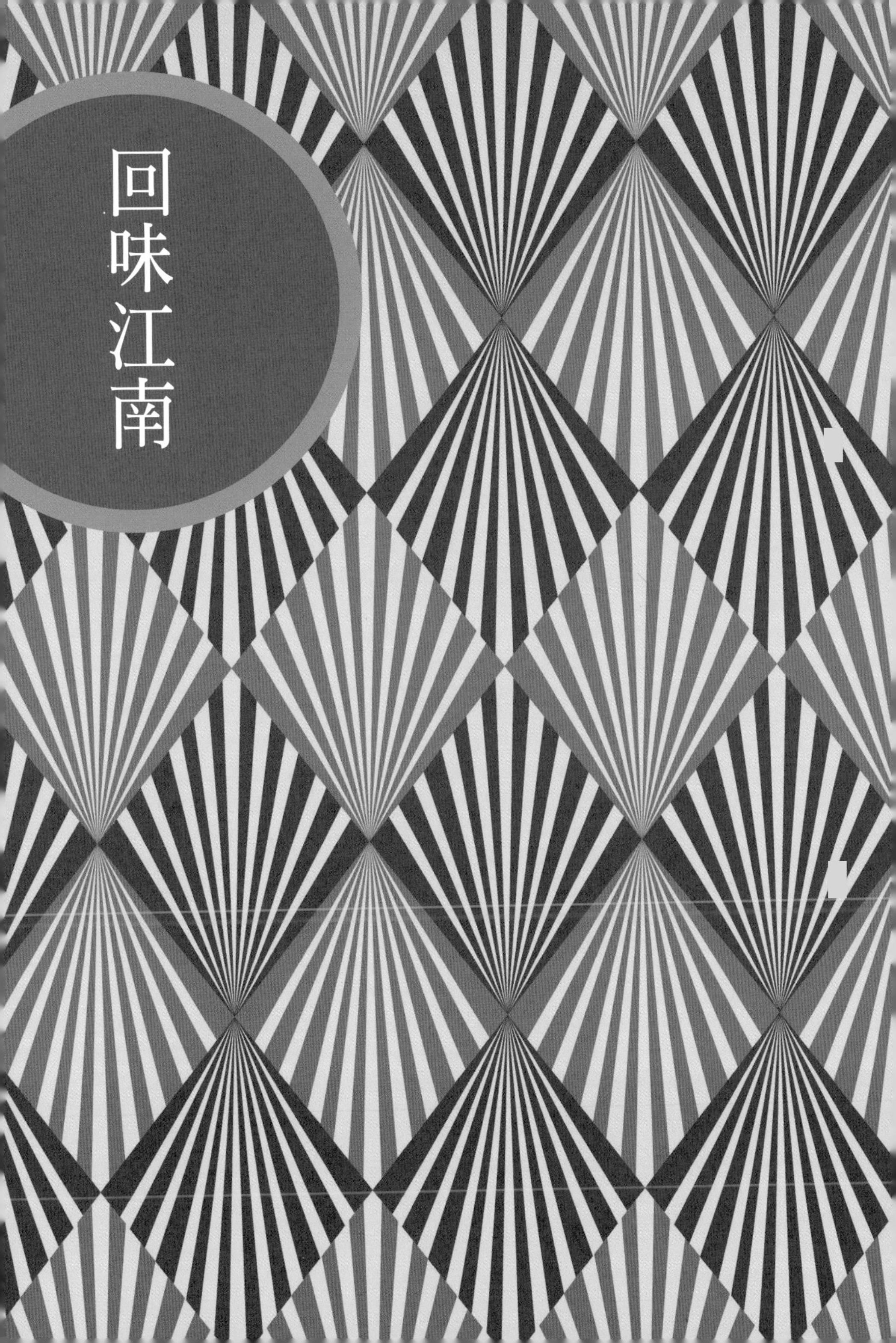
回味江南

❶ 生魚的吃法幾千年來並無二致。

01

從「膾炙人口」說開去

「膾炙人口」是常用成語，如果你不知道，也沒關係，因為用它的人，或也只知其一，對膾炙原意不甚了了。「膾炙人口」源自《孟子·盡心下》，公孫丑問曰：「膾炙與羊棗孰美？」孟子曰：「膾炙哉！」後得此成語，意指美味人人愛吃。《禮記·內則》：「肉腥細者為膾。」這裡的肉是廣義的肉，包括鮮魚，也就是生魚，炙為烤肉；所謂膾炙其實是細切的生肉和烤肉，「人人愛吃生肉和烤肉」便是「膾炙人口」的本義。

在日本尚未發生海嘯之前，新加坡的日本餐館都宣稱自己的生魚源自日本，似乎這樣的生魚都是有光環的……由此可見，生魚之於日本，就如櫻花之於日本是割裂不了的象徵，當下人們說起吃生魚片無不聯想到日本料理，殊不知生魚片還是來自中國的舶來品，這就要從「膾炙人口」

說開去，解讀生魚的歷史。

在中國關於吃膾的記載，最早可追溯至周朝，而《禮記》有曰：「膾，春用蔥，秋用芥。」可見先秦的人不僅已經開始食膾，還在吃的時候加入蔥、芥等製成的醬料來調味了。儘管幾千年過去，生魚的食法居然並無二致。

到了唐朝五代，膾不但是皇家宮廷盛宴必備，也是尋常百姓家的盤中餐，膾食蔚然成風。與此同時，膾食文化傳至朝鮮半島，更遠渡到東洋，被精細的日本人發揮到了極致，最終成為和風文化的重要元素。

「可生魚怎麼和周、唐有關？唐都不是西安嗎？」這是一位友人拋給我的問題。人有時就會如此深陷既定思維，誰說生魚不可以是淡水魚？《詩經・小雅》記載：「飲御諸友，炰鱉膾鯉。」

「膾鯉」就是生鯉魚。大詞人更是美食家的蘇軾，其作品談及人間美味時，有一句就是「吳兒膾縷薄欲飛」，湖州的淡水生魚片即為文中所指的膾縷。可見老先生除了喜食紅燒肉，還是生魚的粉絲呢。但到了明清之交，中原的文人雅士認為生食肉類如同茹毛飲血般粗俗，膾食之風隨之日減至幾近消失，但也有一些文獻仍有關於魚膾的記載，比如《南越筆記》〔註1〕：「粵俗嗜魚生……以鯇為上……以初出水潑剌者，去其皮劍，洗其血腥，細膾之以為生，紅肌白理，輕可吹起，薄如蟬翼，兩兩相比，沃以老醪，和以椒芷，入口冰融，至甘旨矣。」這段描述真實形象地反映了食生魚在嶺南地區仍然盛行，只是已萎縮為小眾的愛好了。

今天，所幸廣東順德的生魚片，歷經千年風

〔註1〕《南越筆記》共十六卷，清朝李調元作品。記錄了當時南越地方風俗民情。

雨仍屹立中華美食之林，也為中國膾食留下最後的佐證。

當地人將收購的新鮮肥魚，挑選後養於泉水之中，禁食瘦身消脂幾日，再由經驗豐富，刀功過人的大廚將魚淨膛去骨，放血切片。講究的就是血淨無腥，片片薄如蟬翼，再加蓋冰塊，配醬料後取食，入口即化，齒頰留香。所謂「膾炙人口」是也。

❶小竹筍酸菜燒肉。
❷筍塊燒肉也是一道家常菜。

02

天天筍燒肉 不俗與不瘦

「無竹令人俗，無肉令人瘦，若要不俗與不瘦，除非天天筍燒肉。」盛傳是蘇東坡大作，我認為可能，愛吃的人是會寫這種打油詩的。

筍燒肉就是冬筍燒肉，一言以蔽之「好吃！」《左傳・莊公十年》：「肉食者鄙，未能遠謀。」說的是吃肉的人鄙陋，引伸為身居高位卻眼光短淺人。可是，若天天有筍燒肉，誰在乎能否遠謀，我以為「肉食者不鄙！」享受肉食是人生的境界，尤其是筍燒肉，還不趁熱下筷，要遠謀作甚？

劉海粟曾十上黃山，本人八上黃山；他追求的是畫盡黃山雋秀，我為的就是嘗遍黃山筍燒肉；劉海粟沒有成功，因為山色永不相同，而我們這些食客仍鍥而不捨，野生筍越來越少，顯然是眾人共同「努力」的結果。

這裡暫且將環保放一放，黃山的野生山竹筍，

無論個大個小，老道鮮嫩，現採還是乾貨，燒起肉來都不含糊，各有千秋。筍入口或綿甜，或清香，飽酌肉汁，竟比肉更有肉味；肉入口油清甜淡，融合筍香後，獨存精氣神，此般肉筍配搭，即是時下倡導的雙贏了。

要品味十足山野之風的筍燒肉，好食材是關鍵，若筍非野生，至少也要沾點山野之氣，如肉不夠「本」（本豬肉指食五穀雜糧非飼料餵養所長），也要選不完全餵豬飼料的，如此便可湊合入肚。

而在當前的社會，要吃有文化的筍燒肉，需要一點執著和不言棄的精神。在黃山，或是九華山，春天只一場雨，山上就長出了山筍。有腳力的人就能採回滿滿的一籃，再買來老鄉自家圈養食用的黑豬肉，一蒸一煮一燜後端上來就享用？

❸ 醃製的乾筍，一年四季都可以拿來配菜。

萬萬不可，這只是開始。動筷之前，窗外必是野雀相啼，窗內更要熱炭輕煙，滾茶溫酒，再擺一張八仙桌，為何要挑剔桌子？可別小看桌子，據說，真正懂美食的人，無論親自下廚還是赴佳宴，都要帶上自家的一幅好桌面，否則是品不出真味的。所以這裡必須擺一張八仙桌，才能坐如大儒，穩定平和，品起筍燒肉來，自然就「不俗與不瘦」了。

03

千里飄香——臭豆腐

臭豆腐名俗、形陋、聞起來真的很臭……，這樣的食物看起來絕對是乏善可陳，但如果你「不幸」咬上一口，便能體會「內在美」的可貴，此後恐欲罷不能，每每見到，定要一嘗後快，做定了臭豆腐的粉絲。

臭豆腐還有一個近親——臭豆腐乳，其實也就是未下過油鍋的臭豆腐，添油加料生成，臭豆腐乳曾作為御膳小菜送往宮廷，得到慈禧太后的垂青，賜名「御青方」。可見臭豆腐先前也是「闊」過的。

如今，臭豆腐功力不淺，遺臭百年。無論在臺灣、香港、長沙、上海、北京、紹興等地，仍然廣受歡迎，深得人心。臭豆腐臭過了海峽兩岸，在尖端口味上先統一了。海外華人更不用說，好些都靠臭豆腐乳下飯呢，記得二十年前，我的科學家表姊夫就企圖偷運臭豆腐乳回德國，沒入境就被扣下了，「居然攜帶活體細菌！」現在當然不同了，有華人超市的地方就有臭豆腐乳。

其實各地臭豆腐的製作方式及味道差異不小，但不論是油炸、麻辣、清蒸、炭烤還是臭豆腐火鍋，歸根到底都是聞起來臭，吃起來香的。這一大特點，不但未變，還發揚光大了。前些年，差不多江南一帶的每家餐館都有這樣一道菜，用古樸的黑色瓦罐燉煮，確保其味不散，並美其名曰：「千里飄香」。當服務生揭開蓋時，臭氣猶如脫韁野馬，奔騰四溢，不明就裡的食客定是掩鼻蹙眉而去。這道菜就是當年風靡江南的「文火高湯燉臭豆腐」。

不過說起對臭豆腐的回憶，真正讓我流連的還要數古城南京的臭豆腐。一種是瓦灰色的豆腐乾，一種是灰白色的嫩豆腐。南京夫子廟沿途都在叫賣臭豆腐，瀰漫著誘人的「臭」，配合比鄰的糖炒栗子，那種極端混合的嗅覺饗宴，讓追求美食的人們都飄飄然了。早年秦淮河的水也是臭的，在河畔等著小販油炸臭豆腐，那真是別有一番「臭味」。

通常臭豆腐乾需要油炸的時間比較久，表面會起泡，伴隨奇妙的臭味分子，臭豆腐乾的表面也慢慢轉成灰黑色，內裡卻還是灰白色，咬開後，更像是豆腐裡的「奧利奧」（Oreo）餅乾！樣子滑稽的臭豆腐乾切成小塊後，串上竹簽，可再油炸後調味進食，也可直接買整片豆乾大快朵頤。但切記要麼趁熱，要麼冰鎮，才有嚼勁，回味無窮。

相比之下，灰白的嫩豆腐下鍋炸至皮脆，就要馬上起鍋，吃時需澆上些辣椒醬、芝麻醬、蒜

❶ 南京夫子廟的李記臭豆腐門庭若市。
❷ 外脆內軟的油榨臭豆腐。

1

2

汁、香菜、小蔥、薑末什麼的，抵銷那股滾油的油膩感，吃起來外脆內軟，香濃非凡。

這樣輕描淡寫臭豆腐，似乎太簡單，難道臭豆腐無非是油炸「過期」豆腐？其實想「過期」不簡單，夫子廟這些店面多半是買進南京高淳縣的臭豆腐再加工。真正的南京高淳臭豆腐，可是先用上好的黃豆製成水豆腐，再把水豆腐壓成豆腐乾，最後在鹵液中浸泡而成的。而鹵液就是臭豆腐有別於普通豆腐的關鍵，它可比紅樓夢中五色茄子的浸泡原料，雖無須收集冬天的雪水，也最少要隔年的菜汁，封壇埋到地底，氧化數天取出，才造就這獨一無二的純天然臭味。

可見，如果一定要被搞臭，就得臭出質量。

4

忘憂草

　　袁枚《隨園食單》〔註2〕裡錄有《典論》曰：「一世長者知居處，三世長者知服食。」《中庸》曰：「人莫不飲食也，鮮能知味也。」可見我們雖日日吃吃喝喝，真正懂得其中滋味的卻沒有幾人，要明其味，恐怕也要等三世那麼久了，其味指的是真味，更是真意。

　　《詩經・衛風》中有「焉得諼草，言樹之背」，本意即是忘記，因此諼草亦稱「忘憂草」。「諼」同「萱」，故又名「萱草」。而萱堂是母親的代稱，所以忘憂草也是母親花，其中真意值得探討一番。

　　何謂忘憂草，七月中旬，漫山遍野黃花綻放，東北人叫她山百合，英文名為：Orange Daylily，俗稱黃花菜。很多人是日日吃它不「見」它，不知尋常百姓盤中物卻是這樣大俗大雅之物。所以我們華人在母親節要送的可能不是康乃馨，而是

〔註2〕《隨園食單》是清代著名文學家袁枚所著。袁枚也是一位有豐富經驗的烹飪學家，他所著的《隨園食單》是一部有系統論述烹飪技術和南北菜點的重要著作。

❶ 開放如百合花的忘憂草，端莊優雅，更能與母親相配。

黃花菜了，可不要啞然失笑，黃花菜完全綻放後形同百合，從它的中英文名便可以看出。它外柔內剛、端莊雅達，在我看來更能與母親相配。

「明日黃花」用來比喻過氣的事物，這其中的黃花可能指的就是黃花菜，黃花菜花期一月有餘，但每朵花只開一天，昨日黃花今日謝，正是應了花自凋零水自流的無奈。儘管如此絢麗短暫，但黃花還是前仆後繼的怒放一月之久，古代武士感慨命同此花，為人母者則相信遠行的孩子靈魂凝聚於此，所以栽種它以藉思念，或可忘憂。

忘憂草的花瓣、花蕾可作蔬菜食用，稱「金針菜」或「黃花菜」。多製成乾貨，新鮮的更是肥嫩爽口；是中國人日常食用的蔬菜，也是中醫的一味藥材。《本草綱目》載萱草有消食、利濕熱的功效，民間更是盛傳天天食用可美容瘦身。

人人都知道「黃花菜都涼了」的說法，可見黃花菜走入百姓生活由來已久。

筆者有個做工程師朋友，東北大漢，女友要他三個月內將體重從九十五公斤減到七十五公斤，或是從今往後各走各路。其實兩人心知肚明，這不過是善意的藉口，分手看來在所難免。

朋友因工程趕赴異地，居住林場數月，一日陽光普照，黃花遍野，一問才知這就是忘憂草，又名黃花菜，老鄉說可以消食瘦身。既可忘憂，又可瘦身，是給失戀者的最高禮遇吧，如此日日食之不覺膩。

誰說沒有奇跡，儘管三個多月過去了，體重卻終於降到了標準，他請假趕去見女友，她不在家，於是就在路旁棋攤邊看棋邊等她回來。兩小時後，遠遠看見女友和一男孩牽手而來，聽到她輕輕的笑。那一刻，他沒站起，因為他清楚地知道即便站起也會跌倒。當晚三百公里回林場的路，他耳邊翻來覆去響起的是那輕輕的笑，心中默念的是「諼草合歡，食之忘憂」。

❷ 晒乾的黃花菜是百姓家常菜。

05

死也要吃雞爪菜

「百度」問答：我們平時吃的「娃娃拳」，是食用它的哪個部分？根、莖、葉還是花？請高手解答一下吧。於是答案五花八門，高手們公說公有理。

「娃娃拳」俗稱「雞爪菜」，學名「蕨菜」，雞爪菜燒肉，雞爪菜炒蛋，雞爪菜老雞湯，小蔥炒雞爪菜……都是耳熟能詳的菜名，小時候就常常吃，長大更愛吃。就是如此愛雞爪菜的我，也是想當然以為「娃娃拳」是蕨的莖，可禁不起再問，一問就啞然了，要麼只好含糊其詞：「難道是根？」

好奇害死「蕨」。為了找到更多關於蕨的資料，上網搜索才發現，原來早在一百多年前，人們就注意到這種植物能夠造成動物中毒。大量食用蕨的牛，很快就死亡了。近代研究更是發現蕨

❶ 乾鍋雞爪菜，是頗有山野風味的徽派名菜。

❷ 川味雞爪菜最為入味。

竟然致癌！惡行罄竹難書。

「罪行」一再遭到揭發的蕨，似乎並未引起足夠的關注和警惕，可愛的娃娃拳還是頂著野生、美味、清熱、可安神的良藥光環。

實際上，野生蕨菜是世界上分布最廣的植物之一，全球有億萬人在食用。甚至有人宣稱，蕨可治癌，是真正的如意長壽菜。治癌還是致癌？一字之差，千里之別。

雞爪菜致癌你還吃嗎？我的朋友答道：Why not? 致癌的東西多了，誰知是真是假，河豚毒比砒霜，日本人還不是趨之若鶩？人生在世，在家還會地震呢，何苦吃得那麼拘謹……。從此我便調侃她是「死也要吃」。

「死也要吃」的雞爪菜煮熟後看上去不過是一個細杆，前端分了幾個卷卷的杈兒，新鮮的時

候卻像極了雞爪，肥碩的蕨菜更像嬰兒輕握拳頭的小手，鮮嫩可愛。除了本身野味的清香外，它之所以好吃，大概是因為它太容易入味了，燒肉它便肉香四溢，燉雞時更是多汁爽口，就算是小蔥清炒，那也是玉盤珍饈……。這樣的雞爪菜，別管是長壽還是致癌，在我看來「寧可錯吃，不可錯過」，嘗一嘗總是沒錯，比起「死也要吃」的膽識來，「未嘗」不可。

06

牛肉「哨子」

我常常覺得我的母親是一朵奇葩。

母親退休之前，基本一年就做一次飯，就是每年的大年三十。這不算什麼，有的人估計一輩子也沒下過廚。可是，母親這一年一次的表演，卻相當像樣，色香味俱全，好到無話可說。以至於後來我們家「闊」了，大家還是覺得過年下館子是很糾結的事，永遠比不上媽媽做的年夜飯。儘管為了這頓飯，除夕那一整天，我們都要被她呼來喝去。特別是父親，母親總是要等他興匆匆地提回了醬油，又讓他去買醋，他卻還笑呵呵的。

白斬雞、芫荽皮蛋湯、蛋餃子、滷肉、啤酒鴨、珍珠丸子、東坡肉、炒三冬、炸香蕉、拉絲蘋果、年年有「餘」、牛肉「哨子」……天哪，寫到這裡五臟廟都要造反了。幾年前我回家鄉的時候還和母親說起年夜飯這回事，我就笑她：「換了現

❶上好的牛肉是做牛肉臊子的關鍵。

❷剛起鍋的牛肉臊子，香脆滑嫩。

在，您可是要被罵成耍大牌呢。」「妳懂什麼，我這就是故意讓你們多幹點活，有付出就會珍惜，忙餓了才有胃口，不然那麼好吃！」「噢……」眾人這才恍然大悟。我又問她：「那個我最愛吃的牛肉哨子，我還沒弄清楚，為什麼叫哨子？又不會響。」「哎呦，妳怎麼S、Sh不分啊，那是臊子啊！」

牛肉臊子，顧名思義由臊子和牛肉組成。臊子是什麼東西？臊子它不是一個東西，應該說它是很多東西，而且還可多可少。

講究的臊子有肉丁、蘿蔔丁、蘑菇丁、筍丁、胡蘿蔔丁等十餘種原料切成丁或絲翻炒而成，簡單的臊子只是有胡蘿蔔丁、肉丁就好了。年夜飯的牛肉臊子當然不能馬虎，我和姊姊可是削胡蘿蔔削到手痛，按理一盤牛肉臊子不會用到多少胡

2

❸「梅花綻放」的牛肉臊子。

蘿蔔，可是我們家的牛肉臊子是經典，經典臊子的胡蘿蔔不是丁也不是絲，是一朵朵冬日裡盛開的「梅花」。

這「梅花」是切片而成，但又不是簡單的切片。梅花花開五瓣，所以我們要先在細長的胡蘿蔔上切下五個長長的隘口再切片，而且要均勻，柔和。深一分就切到「花心」，短一分又突出不了「花瓣」，如果大小不一，哪裡還像紅梅？所以要小心又細心，這樣漂亮的梅花才能伴著火熱的牛肉在餐桌上綻放。

像我這樣「哨子還是臊子」都沒有搞清楚的人，可想而知多少胡蘿蔔慘遭毒手，而我的手也被折磨得夠嗆。最後常常是被派去做諸如洗胡蘿蔔、去芹菜葉、蔥切大段之類沒有什麼技術含量的活。即便如此，最後牛肉臊子裝盤出爐時，上面偶爾一朵不太像樣的梅花，還是被大家誣賴成一定是我幹的！

總之，不管是「哨子」還是「臊子」都夠磨人的。

❶冰糖葫蘆是寒冬裡孩子眼中燃起的火焰。

07 冰糖葫蘆

「都說冰糖葫蘆兒酸，酸裡面它裹著甜。都說冰糖葫蘆兒甜，可甜裡面它透著那酸。糖葫蘆好看它竹簽兒穿，象徵幸福和團圓……」

這是一九九六年，音樂才子馮曉泉曾為話劇《冰糖葫蘆》創作並演唱的主題曲，充滿民族韻味的《冰糖葫蘆》迅速火遍全中國。這首歌對於當年每個在中國大陸成長的孩子都是耳熟能詳。而一首歌如此成功，通常並非僅限於歌曲本身。

冬天裡，天寒地凍，枯枝雪地間，一個老婦人拿著一個竹竿，上端捆紮著草垛，明黃色的草垛上插滿一串串鮮紅的冰糖葫蘆，金色的糖衣和草垛相映成趣。這是我記憶裡的冬日家鄉，不可缺失的一幕。

在我小的時候，物質的供給還沒有如此豐富，像肯德基、麥當勞這樣的洋速食可是難得一嘗的

1

奢侈品。而我們可以常常吃到的是冰糖葫蘆，多數也只以山楂為餡料，很是單調。甚至有時候山楂還不夠熟，核也未去乾淨。一口下去，不僅酸掉大牙，說不定還磕掉大牙呢。即便如此，冰糖葫蘆仍舊是蕭瑟冬日裡一把熱烈的火，點燃每個小孩子的眼光，透亮的糖衣黏上小家伙們的嘴角，那份甜蜜蜜，是沒得說的。

其實，家喻戶曉的冰糖葫蘆，既非冰糖，更不是葫蘆。它外面包裹著的是熬過的糖衣，裡面卻是去了核的山楂、海棠果、葡萄、麻山藥、核桃仁、豆沙等。一個個被長長的竹簽串起，在陽光中閃耀著溫暖，一副秀色可餐的乖巧模樣。幾乎能想到的老北京電影裡，都有孩子拿著冰糖葫蘆在冰天雪地的胡同裡奔跑追逐，這份滋味也算是那個時代的集體回憶。

❷

雖說吃了這麼多年不夠精緻的冰糖葫蘆，想來也不算冤。山楂的藥用功效很多，它能夠消食積、散瘀血、止痢疾，特別是助消化。明代的藥學家李時珍也曾說過：「煮老雞硬肉，入山楂數顆即易爛。」〔註3〕既燉得爛老雞，必定消食吧。而那個年代的小朋友們胃口好，身體棒，或許真是沾了冰糖葫蘆的光。

現如今要品嘗美味的冰糖葫蘆，自然不用再將就。建議吃貨們不妨到北京的老字號「信遠齋」、「九龍齋」，還是「不老泉」去尋寶。這裡冬季自製的糖葫蘆，原料挑選極為嚴格。單就山楂來說，選用的都是山東的優質山楂，當然是去了核，不會磕到牙；有的還將果子開口，夾上自製豆沙、核桃、再貼上黑豆沙，沾上冰糖汁。色彩分明，甜酸脆綿……健康又美味，精緻到再

〔註3〕「煮老雞硬肉，入山楂數顆即易爛。」記錄在李時珍所著《本草綱木》。山楂為消食常用的食品，尤其是消化油膩肉積功效顯著。

勾不起那份簡陋的酸甜回憶，但也至少飽了口福。

08

獨愛馬肉米粉

提起白先勇，「才氣縱橫，不拘一格」的他，是很多人仰慕的文學家，他對昆曲一往情深，做了二十年推廣昆曲的「義工」。一曲《牡丹亭》不知打動多少人心。不過作為文人，他最出彩的還數短篇小說。有人說，百餘年來，中國短篇大家不出幾人，白先勇是能媲美魯迅的短篇大師之一。

如果你讀過白先勇的短篇，想必應該知道《玉卿嫂》和《花橋榮記》。在這兩部短篇裡，白先勇對家鄉桂林的馬肉米粉常常不惜重墨。像是《玉卿嫂》裡的容哥兒，要吃下二十碟的馬肉米粉後，才能滿足地摸著溜圓的肚子走開。而《花橋榮記》裡的花橋榮記，描述的就是賣馬肉米粉的響噹噹招牌——桂林城裡無人不曉的黃天榮家的花橋榮記米粉……。

❶❷白先勇筆下的馬肉米粉，如今可是一大碗飽滿的美食。

桂林素以山秀水清聞名天下，何以白先勇獨鍾情於這馬肉米粉。其實廣西本有「不吃馬肉米粉，不知天下美味」的說法。桂林人也常說，「這奇山麗水也看得膩，可這馬肉米粉卻吃了還想吃。」

說起來馬肉米粉也是小有來頭的。早在明代就已為廣西人熟知，不過它的盛行卻是中國對日抗戰後，大批流亡百姓雲集桂林，兵馬來往也日漸頻密，不但食客多了，馬肉來源也多，馬肉米粉自此大受歡迎，美名遠播，也算是硝煙瀰漫時的一份慰藉吧。

現在桂林最有名的賣馬肉米粉老字號莫過「又益軒」了。仔細想想，莫非白先勇的「花橋榮記」就是以「又益軒」為原型？「又益軒」是家古樸的四代老店，它的馬肉米粉不僅味道正

宗，湯頭甜美，而且色彩搭配醒目，讓人飽了口腹欲之餘，又知什麼是秀色可餐。價格通常一兩要賣到三・五元人民幣，二兩五元，約莫是普通桂林米粉價格的兩倍。

不過，早先的馬肉米粉可不是這個賣法，而是論小碗賣，小到什麼程度呢，就是小到可以一口就吃一碗，這所謂的碗也就是小碟而已。所以《玉卿嫂》中容哥兒才需要一頓吃下二十小碟，可不就是二十口嘛。當初乍讀《玉卿嫂》到此處，還以為小小歲數的容哥兒食量驚人呢，仔細推究後才算解了惑。

09

打盡香椿頭

小時候，我家前院種滿了茶花、白蘭、月季和葡萄。後門口，有一棵形狀很美的枇杷樹，和幾棵瘦瘦高高的香椿樹。

香椿應該是春天喚起的思念吧，春日裡發出新芽，從淺黃到淡紅，到紫紅，每一片香椿都好像是等待太久的思念，越念越濃，久久化不開了，就趁著這春風春雨，掙脫了樹枝，破繭而出。都說「雨前椿芽嫩無絲」，早春的椿芽在枝頭上鮮嫩欲滴地招搖著，怎能不惹得人們掐取，炒肉的炒肉，炒蛋的炒蛋，或用香油拌來解饞。

讀到「溪童相對采椿芽」〔註4〕的描述，弄不清是怎樣一個採法。據說椿樹是可以長到二十米高的，即使是發育不良如後門前的那幾棵，也是很難搆到，更不要說看似休閒地對採了。印象中總有人在竹竿上裝個鈎子，來到屋後「打」這枝上

〔註4〕「溪童相對采椿芽」出自金、元之際著名文學家元好問的《遊天壇雜詩》之四：「溪童相對采椿芽，指似陽坡說種瓜。」描寫了香椿成熟的時節，人們采摘的樂趣。

的香椿頭。惹惱對門的大媽在廚房的窗口對著外面開罵：「不會街上買？非把樹弄死嗎！」那個高分貝，每每把人嚇一大跳，可還是不甘心地把鈎下的香椿裝上才跑掉。

後來隨著年齡增長，我才知道椿樹可以是很小棵的，甚至有人專門培育用來採芽的椿樹，好像生長期被死死裹住的小腳，只讓樹長成一人高左右便用刀將頂端砍掉，之後再長不成高高大大的樹身了，等清明節以後，這樹上的嫩芽便可入菜，採掉後還會有新芽再長出，一般採四五次就該收手了，留些新芽讓椿樹好好養一養身，隔年才有椿芽可採，最忌殺雞取卵，打盡香椿頭。難怪對門的大媽那麼生氣，可不是，今天來人鈎，明天來人採，就算樹活下了，想必來年也是無芽可採。

❶ 香椿。
❷ 香椿炒雞蛋可是春天裡最讓人期待的美味。

都怪香椿實在太美味，在美味面前，人的自律不堪一擊，採了一次又一次，吃不完的也要洗淨醃好放冰箱。這樣過度的採摘不僅讓一些椿樹夭折，一些來年無芽可發，更剝奪了一些椿樹開花結果的權利。

椿樹原是可以開花結果的？人人只道香椿美味，卻少人看過椿樹的花容，採摘的習慣影響了營養積累，只有沒被摘掉嫩芽的枝幹才可能結出果實。春天的嫩芽那麼地招搖，因為它們是白色小花的「母體」，花開花落後就會結出一串串綠色的果實，果實呈橢圓狀，有個很好聽的名字「香鈴子」，是一味中藥，對胃病特別有效。

這些我原是一無所知的，只是有次為一位前輩的講座擔任司儀，會後有位年老的聽眾邀我幫他做一種植物的宣傳和申請，還交給我一疊資料。

因為工作很忙，我不敢承諾，只是答應看後才聯繫他，結果這一放就過去了大半年，自己也就忘了。前些日子想起家鄉的香椿樹，行筆之餘看照片中的果實似曾相識，才恍然大悟，想起那位老人說：「這是好中藥，是香鈴子啊。」隔日我就聯絡他，卻久久未得音訊，如今想起此事，心中甚感愧疚，似乎親手打盡了這香椿頭一般。

10 色清如雪毛豆腐

❶長著長長的灰色毛，是毛豆腐中的一種。

❷鐵板油剪的毛豆腐，閃著金色的誘人光芒。

人與美味的結緣可遇不可求。就如愛情，聽說的人多，見過的人少，心境和味蕾間的滋味不可複製，硬是要尋回彼時彼地的感受必將索然無味。

記得十幾年前中學暑假，和同學相約去黃山看雲海，提前一天住在了山角下的皖南村落，在鋪著青石板的老街閒逛，偶然睹見藤籃中，草席上整整齊齊地躺著一排排豆腐，只見這敦厚肥碩的豆腐塊上居然附著色澤如雪的絨毛，美得讓人驚豔。

一打聽，才知道叫做毛豆腐，攤主說：很好吃的，要買來嘗嘗嗎。單是漂亮就已經贏出大半，哪裡還禁得起慫恿，趕緊付錢，拿貨，迫不及待要找到同學炫耀一下，這才發現大家都已不見蹤影，更糟糕的是，根本不懂要如何處理手裡的毛

豆腐，只好拎著回到暫住的小旅館。

旅館樓下的廚房已經打烊，只有個年紀約莫十七八歲的小師傅在昏黃的燈光下打掃衛生，我躊躇了一番，最終還是上前問他：「會做毛豆腐嗎？我們一起吃。」他倒也爽快，笑著點頭應允。不一會，白白的毛豆腐就被紅燒了，頓時濃香滿屋，我們站在那裡就開吃了。

「美呀美。」六祖慧能拈花微笑時的滿足不過如此吧，濃郁、潤滑、醇美……，最奇特的是居然有時令蔬菜的鮮味，後來翻查史料，方才知道那份鮮美是五百年歷史風味的綻放。早在宋朝時期就對徽菜〔註5〕有這樣的記載：「沙地馬蹄鱉，雪天牛尾狸。」〔註6〕均可烹飪成美味。徽菜發源於歙縣，正是當年我下榻的皖南村落，毛豆腐更是徽菜獨有，至今已傳承五百年有餘。五百年的洗禮，留下的必然是精華。

美食沒有文化，是不可稱為美食的，美與智慧並重才可長久，古人早已參透其中玄機。

所以毛豆腐就或真或假和朱元璋扯上了關係。據傳，朱元璋領兵經歙縣，人困馬乏，尋食不得，走投無路時卻在豆腐作坊發現了一堆長毛的豆腐，飢不擇食，不想火烤後居然奇香撲鼻，鮮美異常，從此毛豆腐名聲大噪，家家戶戶都種了起來。

「種」這個字用得貼切，毛豆腐做工考究，要用上好的黃豆磨製而成，豆腐色清如雪，刀切似玉，墜地不溢，脫脂冷卻後加配料放置在陰涼處，就像種植無根豆芽一樣，等著它枝繁葉茂，長出長長的絨毛來（在發酵過程中，蛋白質被分解成多種氨基酸，味道也就更加鮮美）。由於發

〔註5〕徽菜起源於徽州，是中國八大菜系之一。這裡僅指徽州菜，不等同於安徽菜。徽菜離不開徽州這個特殊的地理環境提供的客觀條件。徽州，今安徽黃山市、績溪縣及江西婺源縣。因處於兩種氣候交接地帶，雨量較多、氣候適中，物產特別豐富。

〔註6〕「沙地馬蹄鱉，雪天牛尾狸」出自宋朝著名詩人梅堯臣《宣州雜詩》之十六，詩句描述的均為著名傳統徽菜。《徽州府志》亦有記載。

酵時間的不同，毛色和長短亦不同，便有了不同的毛豆腐品種，各有好聽的名字：虎皮、鼠毛、兔毛和棉花。

如今遊客走在徽州老街，常常還有當地人挑著擔子，一頭是排排坐的毛豆腐，一頭是小小的爐灶，只等著路人招呼一聲，就地起爐火，油煎毛豆腐了……。

轉眼十年有餘，回想那段與毛豆腐的偶遇，真應了這句話，人與美味的結緣，可遇而不可求。在一個車水馬龍的老街，淡黃色的燈光，重起的爐灶，笑容可掬的小師傅，還有青春無敵的自己，最後都由一盤不期而遇的毛豆腐串聯每個片段，經久猶有餘香……。事過境遷，此情此景，彼時彼地，再也無緣重來。

11

「恨食」泥螺

初春桃花盛開，八月丹桂飄香的時節。在中國東南沿海低潮的灘塗裡，溫濕的土壤是一片生機勃勃的隱秘世界。泥螺密密麻麻遍布整個灘塗，用小網沿塗推行雖不能一網打盡，卻也收穫頗豐。若用手指去夾，一顆顆滑入掌心，更是樂趣無窮。

泥螺外形很像內陸的蝸螺〔註7〕，又如炒熟的蠶豆。它依靠吐吞沙泥吸收養分，吐出的沙子黑如生鐵一般，因此又名「吐鐵」。長江三角洲南翼城市寧波盛產泥螺。寧波學者全祖望有詩為證：「年年梅雨後，萬甕入姑胥。」說的就是每逢梅雨季節過後，桃花盛開時，泥螺肚內「鐵」盡肉嫩，豐碩無朋，醃後存食，久儲不壞，味道極鮮脆，此時的「桃花泥螺」可謂上品。

寧波附近的慈溪龍山，大批肥沃的灘塗更是造就了極品桃花泥螺——「龍山黃泥螺」。十多

〔註7〕蝸螺指的是螺螄。軟體動物，有螺旋形扁圓的硬殼，頭部有兩對觸角。吃嫩葉，對農作物有害。

❶罐裝極品黃泥螺。
❷鮮美的泥螺散落如一盤珠玉。

年前，姊姊嫁到寧波，我便成了她家座上客，每去必吃「龍山黃泥螺」，走時還不忘帶上罐裝成品解口舌之欲。醃過的黃泥螺，用食鹽及黃酒佐料，從舌頭滑過的那絲鮮美，是上天的恩賜。不過也要掌握好火候，處理得當才有此等享受，如果泥螺的黏液泥漿處理不好，或殘留泥漿帶著腥味，或肉硬如鐵，美味盡失，那就真是暴殄天物了。

如今身在新加坡的我，時常垂涎泥螺的美味，更有甚時，會眼花到盤中個個是瑪瑙烏。所謂最難莫過「相思苦」，想吃吃不到的「恨食」之心猶如剩女恨嫁一般無異……。

不想有一日，在新加坡的牛車水（Chinatown）居然發現有罐裝泥螺出售，當下感慨萬千。那天買回家後好一陣埋頭苦幹，最後鬧到五臟廟翻騰，

從此再不提泥螺二字。今年春節要去香港會家人，臨行前老姊來短信詢問：「要帶泥螺給妳嗎？」

我回覆道：「相見不如懷念呀……。」

12

等你的美食——粑粑

粑粑廣義所指，就是用搗碎的糧食（大多是糯米）做成的餅狀食品，可以當主食也可以當點心。要問：這是什麼地方的特色小吃？那就難倒我了。在中國的長江以南，西南三省以及兩湖、廣西等地到處可見這種小吃。外形各有不同；吃的時候更是蒸、炸、煮、烤手法各異；名稱天花亂墜，什麼葉兒粑、糍粑、桐子葉粑粑、油粑粑等。儘管七十二變，最終它們都逃不出身為粑粑的宿命。

我最鍾情的粑粑在江南農村。這裡自清朝時期起，就有每年正月初八舉辦粑粑會的習俗。雖然習俗已難延續，但粑粑作為一種好吃，實惠，又可以長期存放的食品，生命力卻依然旺盛。

鄉下百姓家，一到正月裡，家庭製的手工粑粑是不可或缺的美食，每家少說要做上幾十斤，多的則有上百斤。做好後的粑粑，被放進一種叫「貓歎氣」的竹籃裡，因為冬天氣溫低，掛在通風的地方，幾個月也不會壞，吃到三四月份是常有的事。也有人家用「臘水」泡粑粑，記得年紀很小的時候，似乎還見過這樣的一口水缸，米白色的粑粑躲在「幽深」的臘水缸裡，像幽靈一樣神祕，完全不同於蒸熟後人盡可食的秀色狀。

江南的粑粑是別致的。用別致來形容粑粑，好像是硬生生地在給一個憨實的老農戴頂摩登帽子。但江南粑粑的確太精緻，它雖是普通的農家食品，製作過程卻一絲不苟。內裡餡料鮮美，外皮紋理精細，更有美麗的花紋和吉祥的話語模刻在表面，每個粑粑都有著自己的特色……說的大一點也算是民俗藝術了。這種粑粑從原料開始就由農家一手包攬。鹹豬肉、薺菜、芫荽、蝦仁配合豬油、蔴油、菜油、蔥末剁成餡料，炒熟冷卻備用，再把糯米粉蒸至半熟，和開水製成麵團，最後　皮包餡成餅。待到要吃的時候，如上所述，或蒸、炸，或煮、烤，隨取隨吃，十分方便。而那種被美食等著的感覺，真的好受用。

❶粑粑是民間美食的結晶。

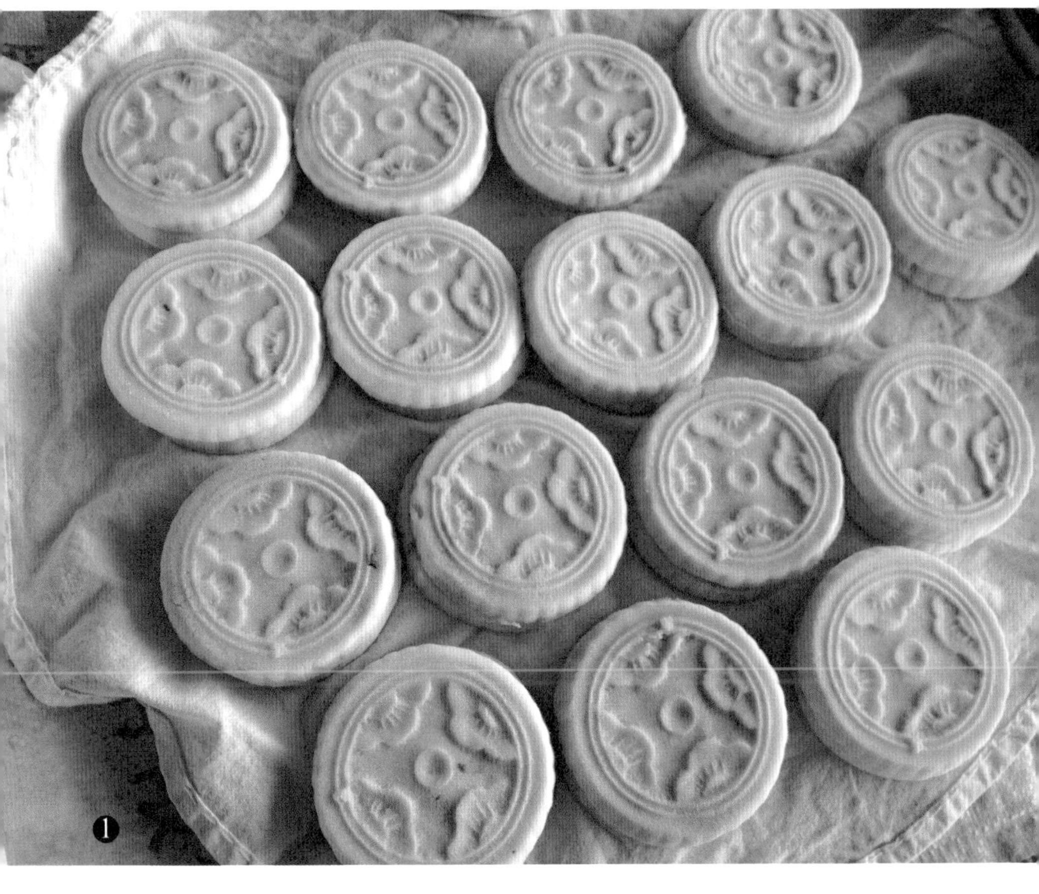
1

❶冬日裡火熱的羊肉串是小女生們的最愛。

13

可愛的回味——羊肉串

冬天的夜很冷，大家都在低頭趕路回家。是什麼樣的路邊攤足以讓趕著回家的人駐足流連？糯米飯包油條、雞蛋煎餅、烤紅薯，還有就是，羊肉串。

常常看到衣著時髦的女郎，躬著腰，嘴喔成O字形在路旁齜牙咧嘴地吃著羊肉串，形象不佳卻著實實用。「躬著腰是為了不讓油滴落到身上，O形嘴是不要破壞口紅。」我的朋友很認真的分析了一番。

那時的她可是個超級羊肉串迷，五十元大鈔放在小販那分次扣除。每當她從郊區的家坐車來到市區，1號車站對面就是小販的攤點，還沒過馬路就開始打招呼，一家親似的。大家都笑話她，嫁給賣羊肉串的小販好了。

其實對羊肉串的熱愛何止是她，吃羊肉串是

件「眾樂樂」的美事。即使不夠乾淨，不夠衛生，不夠健康。誰在意呢，好吃的東西有健康的嗎？

羊肉串，最初是來自新疆的特色小吃，新疆大漢兩抹小鬍子，戴著八角帽，嘴裡嘟囔著「羊肉串，羊肉串，新疆的羊肉串兒……」這可不是北京的兒化音，分明是新疆大漢說不清楚普通話嘛。不知道什麼時候開始，這樣的聲音慢慢遍布大江南北。

我的家鄉地處江南，本來是和羊肉串扯不上什麼關係。不過隨著賣羊肉串的和羊肉串被「漢化」，再小的城市也難逃席捲神州大地的羊肉串旋風。於是「小鄭羊肉串」、「小吳羊肉串」、「張師傅羊肉串」……如雨後春筍般在城市的大街小巷冒出來，大家瞬間掉進了羊肉堆裡。

「漢化」的羊肉串不再那麼「羶」，撒上五

❶ 北京城裡炭火烘煨的羊肉串。

❷

香孜然粉，入口更像是凝固的火鍋湯底。美味值得一再回味，於是，「十串吧，再來十串，再來……」不小心吃了五十串居然也是常有的事情。不要驚訝我的食量，一串上的羊肉可是少得可憐噢。

唉……不吃會想，吃了更想。「羊肉串，欲罷不能的誘惑！」這是小鄭家的廣告，「怕炭火髒嗎？我是電烤的！」這是張師傅的改良製作……。

羊肉串十幾年來常勝不衰，伴隨我那個年代多少女孩從少女到熟女；她們可能已身為人母，可能也會喝止貪嘴的小女兒：不許吃，不衛生！但串串飄香的誘惑，卻是心底那個好青春的自己，一抹可愛的回味。

14

牛乳羊羔　老年人的藥

「人世忽如寄，壽無金石固……。不如飲美酒，被服紈與素。」〔註8〕紅樓夢裡的賈母可謂深諳人生如寄，須及時行樂的道理。翻遍全書，有賈母出席的活動，往往都離不開吃喝玩樂。

紅樓夢第四十九回，「琉璃世界白雪紅梅．脂粉香娃割腥啖膻」說的就是大觀園裡眾人新年團聚，烈火烹油，鮮花著錦的時刻。這鬧哄哄的新年宴席頭道菜便是「牛乳蒸羊羔」。賈母當下說道：「這是我們有年紀的人的藥，沒見天日的東西，可惜你們小孩子們吃不得。」沒見天日的東西便是羊胎，這未出生的小羊羔，自然是沒機會見天日。用新鮮牛乳蒸羊羔正應了這章回「脂粉香娃割腥啖膻」的啖膻之意。鮮乳搭配羊胎，應該著實膻腥得可以吧。何以賈母這般懂得享樂又鍾愛肉食的富家老太太卻讚不絕口，還稱其為

〔註8〕《古詩十九首．驅車上東門》：「驅車上東門，遙望郭北墓。白楊何蕭蕭，松柏夾廣路。下有陳死人，杳杳即長暮。潛寐黃泉下，千載永不寤。浩浩陰陽移，年命如朝露。人生忽如寄，壽無金石固。萬歲更相迭，聖賢莫能度。服食求神仙，多為藥所誤。不如飲美酒，被服紈與素。」這首詩，是用抒情主人公直抒胸臆的形式表現了東漢末年大動亂時期一部分生活充裕、但在政治上找不到出路的知識分子的頹廢思想的悲涼心態。也謂人生短促，猶如暫時寄寓世間的感歎。

❶《紅樓夢》裡力薦的「老年人的藥」。

「有年紀的人的藥」（老年人的藥）？

從中醫藥膳的角度看，羊胎的確是大補元氣、溫暖命門、延緩衰老的最佳肉食。特別針對那些陽氣弱、手腳發涼的人最有「補效」。即使是平日裡那些見了天日的羊肉，也一樣是溫補佳品，烹蒸燉煮都好，最適合冬令進食，可以抵禦寒冷。

羊肉還有個好處，就是易消化吸收，它所含氨基酸比豬肉牛肉都要多，又能消耗人體脂肪，所以對腸胃不適或是減肥的人而言，倒是不用忌口。

而牛乳同樣適宜體質羸弱、氣血不足的老人食用。所以牛乳、羊羔同蒸也算是上好配搭。不過賈母也提醒了，小孩子們吃不得！的確，對小孩子和血氣方剛的年輕人來說，牛乳蒸羊羔未免補得太重了，反倒容易加重了火氣，痘痘發得更

厲害也未可知。

我的姊姊因為生第一個孩子時沒有好好的坐月子，體質一度虛弱怕寒，中醫建議要常吃羊肉會有改善，如今兩個孩子媽媽的她，怎麼看都是青春健康的樣子，別人分享媽媽經，她卻熱衷分享羊肉經，這牛乳蒸羊羔的「秘方」我可是從她那裡拜師，絕不外傳的。

牛乳蒸羊羔雖是上乘的藥膳，做法卻簡單。只要準備好羊羔肉（未見天日的估計難找，可用見過天日的替代）；再預備一些泡好的銀耳和鮮牛奶；白酒及薑片適量（防止膻到無法下嚥）。有了以上食材，再燒滾一鍋開水，放羊肉，倒白酒，煮三十分鐘後撈出羊肉切塊，再加入切丁的銀耳，混和白酒一齊下蒸罐，同時倒入分量沒過羊肉的鮮牛奶，用文火蒸上四十分鐘即可。屆時肉爛湯濃，色澤粉白的「老年人的藥」定能讓服用者命門溫、氣血調，入藥三分。

15

百年「甑糕」

去年夏天我回到南京，原本計畫去獅子橋和夫子廟〔註9〕吃點心，卻被連日的大雨困在家中動彈不得。眼看要回新加坡了，天氣終於轉晴。口腹之欲蠢蠢欲動，一掃多日的陰霾，彷彿吆喝一聲，各色小吃就會跳上桌來，趁熱下筷子就好。

於是，全家來到夫子廟，像遊客一樣買點小吃，瞅瞅熱鬧。媽媽卻獨自開溜，不一會回來了，手裡卻提著水晶糕。我本來是不吃這些糯米甜點，怕不消化，但不願辜負母親的一片好心，就陪她在秦淮河畔開吃了。卻不曾想這水晶糕真正是清香濃郁，口感綿滑。再仔細端詳，賣相更是了得，熱騰騰、亮晶晶地捧在手中，怎麼看怎麼可愛。儘管周遭嘈雜到不行，我還是被這突如其來的美味凝固在那裡，任由這份清甜將我托上雲端……。

不要小看這路邊甜點，在中國多的是動輒幾

〔註9〕南京夫子廟，常簡稱夫子廟，是一座位於南京秦淮河北岸貢院街的孔廟。「夫子」是孔子弟子對孔子的尊稱。目前以夫子廟為中心、廟市街景合一的秦淮風光景區是集文化、旅遊、購物、服務等功能於一體的文化活動中心。

❶南京夫子廟的電烤水晶糕。

百年的民間小吃。這水晶糕也不例外。它最早是陝西一帶民眾喜愛的甜食，傳到江浙便更加精緻盛行起來。水晶糕本名「甑糕」，後稱甜糕、水晶龍鳳糕等。

百年前製作它的主要食材是再簡單不過的糯米和紅棗，加工後紅白相間地疊放三四層，蒸熟便可食用。歷經百年，現在的水晶糕還是沿用相同的食材和做法。有人認為它根本就是甜品界的活化石，但也有人認定那百年甑糕大大不同於今日水晶糕，原因出在蒸熟它的器皿上。

「甑」是古代一種陶器名稱，最早出現的陶甑可以追溯到新石器時代，後在商周時期又相繼出現銅鑄鐵器的甑。「甑糕」之所以為「甑糕」，因它必須用陶甑蒸製而得名。陶土溫熱、慵懶的氣息，配搭紅棗糯米淳樸美質的完美交融，才能

蒸出這珠潤明亮的色澤、甘甜柔韌的咬勁來。今時今日，試想哪還有人等得起陶甑那溫吞綿長的完美演繹？路邊齊刷刷都是電烤爐上陣，在「兩元一個，兩元一個」的叫賣聲中，那份遠古的氣息就快消失殆盡了。

❶❷上海街邊早點店的生煎包。

16

飄洋過海的上海生煎包

在上海生活的時候，每天早晨走到樓下的早點店，最享受的就是看到大大的平底鍋裡擠得滿滿的它們；個個白白胖胖，狀如小饅頭，頂著一層芝麻，幾粒青蔥，炊煙裊裊甭提有多香。這就是美名遠播的「上海生煎包」，又叫「上海生煎」或「生煎饅頭」。

上海生煎是土生土長的上海點心，少說也有上百年了，至今仍是上海人的早點必備。入鄉隨俗，早餐時我通常會叫上二兩生煎，再配上鴨血湯或者乾撈牛肉麵什麼的，那是一天最美好的開始。

即便如此美味，這小店裡的生煎算不得什麼。吳江路的小楊生煎橫空出世後，整天門口排著長長的隊。在這個鼓吹創意的時代，老闆固執地只做生煎和基本湯品，三元人民幣一兩（聽說已漲

至五元了）。以不變應萬變的刻板樣，居然口碑還遠遠領先南翔小籠。賣包子賣到這個份上，也算是包中LV了。

來到新加坡後，參加學校的學術訪問團到了台灣。好不容易空閒，還等什麼，第一件事就是去朝拜好吃者的聖地——士林夜市。台灣的同學一句話讓我幾乎跌倒，「你一定要去吃生煎包哦！」這都哪對哪呀，那不是地道的上海美食？到了夜市一看，這不還打著「大上海」的招牌呢。那是好大個的包子，有肉餡也有菜餡，三台幣一個，還是門庭若市。當我喝到包裡的湯汁時，突然好感動。上海生煎包居然飄過台灣海峽，來到台北夜市，味道還是那麼美，儘管「長大了」。

後來和上海的同學聊起這件事，她卻告訴我，「那有什麼，去美國洛杉磯都有驚喜呢，那裡的

❸ 上海的鴨血湯。
❹ 矜貴的小籠包比不上大眾的生煎包。
❺ 乾撈牛肉麵。
❻❼ 上海的早點店。

上海生煎五・五美元八個，味道也趕上上海的街邊水準了。等去了紐約，更是不得了，有家『鹿鳴春』，那裡的小籠包比上海還地道，不似上海的小籠包那般日漸墮落。」

上海生煎飄洋過海，不知征服了多少老外的胃，溫暖了多少華人的心。近幾年聽說有人提議要把上海生煎做成中國的星巴克。我認為可以，不就是多加幾口鍋嗎……。

4

5

7

6

17

琥珀色的凍

閩南有一首很有趣的歌謠，歌名就叫做〈哇，土筍凍〉。歌詞大意：「土筍凍呀土筍凍，最最好吃真正港（正宗），天腳（底）下，攏（全）都真稀罕，獨獨咱家鄉出這項。」土筍凍是什麼？怎麼就是天底下最稀罕的東西？

如果你到過廈門，就該知道廈門海滄有三寶，其中一寶土筍凍。多年前我到廈門的同學家小住，兩人無所事事地賦閒了幾週，每天吃吃玩玩，度過一段好快樂的時光。以致很多年後，我們談起那段日子時，移民香港的她都要誇張地說：「想當年那段『大快活』的日子，我們每天傍晚在天橋下吃著土筍凍……。」已漸泛黃的記憶中，鮮鹹的土筍凍依然精緻透明。

土筍凍到底是什麼？一種將土筍煮過後冷卻而成的小吃，看上去如同琥珀色的果凍，晶瑩剔透，因此得名土筍凍。那土筍可不是筍子，而是星蟲，又名沙蟲，還有人叫它海蚯蚓。蟲和蚯蚓！聽上去讓人感覺發毛，但此蟲非彼蟲，土筍是野生於沿海灘塗上的軟體動物，上銳下豐為筍，所以土筍可能是「塗筍」的訛稱。

這種海星蟲不但美味也含有很高的膠原蛋白，所以加熱後熬得一鍋粘粘糊糊，倒入模中就凝固成「土筍凍」了。我也想當然地認為，它必是美容佳品。

其實，只要你到廈門，當地人肯定會向你推薦土筍凍，因為在廈門人的心中，它就是廈門的第一風味小吃。「好久以前就有的小吃啦。」老人家回憶起來，「沒有把它當一回事，大家常常吃它，祖祖輩輩吃它。卻不曾想，有一天它也會被吃完的。」

❶土筍凍是廈門的海滄三寶之一。

小吃也會吃完？土筍凍本是土生土長的晉江安海鎮小吃，後在廈門被發揚光大，但由於長久以來過度捕撈，特別是冰箱的出現，讓夏日裡土筍凍的凝結不再是問題，導致當地土筍瀕臨滅絕，現在餐桌上的土筍凍多是從江浙一帶買進食材後製作的。同學電話裡和我談及此事時，好一陣沉默。

再想起那段「大快活」的日子，我常常對著夕陽舉起手中的土筍凍，瞇著雙眼看那裡面的海蚯蚓，心裡想著一口吃掉它，但偏要慢慢地，慢慢地讓欲望再沉澱一會。那些夏日有風的傍晚，陽光在枝葉間突然變得好清亮；深綠的葉，琥珀的凍，緋紅的日，無與倫比的濃郁悠然。可試想有這麼一天，江浙的土筍也沒了。夏風中依然深綠緋紅，會很美，可惜卻少了那顆晶亮的琥珀。

讓我們把欲望沉澱一會吧，等一等，或許會更美好。

18

上天的悲憫之情——叫花雞

《隨園食單》記載有三十種關於雞肉的做法，《調鼎集》〔註10〕裡則多達一〇八種。一種食材有上百種正式收錄的烹飪方法，實屬少見。雞作為家禽應該是死得其所了。但我以為即便有百種做法，唯有忠於食材的原味才算得是上乘之作。

這使我想到了林語堂在《瞬息京華》〔註11〕裡，借木蘭的口曾談及如何烹飪雞肉：「雞本來有其美質，過多的引發、填塞、添加佐料和香料只會分散其純淨的美。」所以木蘭煮的叫花雞是以醬油酌味便可下肚的。就如金庸筆下的黃蓉，拿手菜恰恰是不起眼的炒白菜、蒸豆腐。

的確，要尊重雞肉原有的美質，還有什麼比「叫花雞」〔註12〕更得自然的點化。可想見幾百年前，那個衣不遮體，食不果腹的叫花子（即乞討者），好運得來一活雞，卻苦於難覓烹煮工具，飢腸轆

〔註10〕根據手鈔秘本整理出版的清代菜譜。以揚州菜系為主，從日常小菜醃製到宮廷滿漢全席，應有盡有。是我國古代烹飪藝術集大成的巨著。

〔註11〕中國現代著名學者、文學家、語言學家林語堂在美國用英文寫的長篇小說。英文原名《Moment in Peking》，多譯為《京華煙雲》，林語堂自譯作《瞬息京華》，鬱飛的譯本也為《瞬息京華》。

〔註12〕叫花雞是江南名菜，歷史悠久，是把加工好的雞用泥土和荷葉包裹好，用烘烤的方法製作出來的一道特色菜。其名字和起源來自民間傳說。

❶南京街頭隨處可見被烘焙過的泥土包裹的叫花雞。

轆之下的那份渴望和無奈，上天看到該動了憐憫之心，才有那靈光一現的點化吧。於是乞丐殺雞後就地取材，連毛塗上黃泥、柴草，再把塗好的雞置火中煨烤，待泥乾雞熟，剝去泥殼的同時帶脫雞毛，露出鮮美的原味雞肉，誰想就這一塗一脫之間便成就了這道千古美味流傳至今。

只可惜現如今的「叫花雞」動輒就需烘煨五六個小時，雞膛中更是填滿了肫片、蝦仁、火腿丁、香菇丁等各種配料調料，又裹上荷葉，泥土，包了再包，這哪裡還是叫花雞呢，叫「富貴雞」更貼切吧。顯然叫花雞上了廳堂後就變味了，無論在蘇州常熟王四酒家裡，還是杭州樓外樓的招牌下，或是南京街邊的「金陵一絕」，叫花雞不再有古樸之風，只是一味地追求精細和高檔，以迎合現代人的奢靡之氣。

不過無論叫花雞如何變，就是七十二變，這泥土到底還是這道菜的精髓，是變不得的，有了這泥土的芳香，才能彰顯那雞肉的美質，有了這分美質，再複雜的燒烤烘煨都不會磨滅上天的悲憫之情了。

19

Food Porn的美麗廚娘

回到家鄉與老朋友歡聚一堂，電視裡正好在播出「美女私房菜」〔註13〕。學妹的老公說：「美是美了，不過總是少了點什麼。」「我看你是當我面才這麼說吧？」學妹冷冷地冒了一句，我們頓時都笑翻了。雖然是一個玩笑，不過我卻是贊同他的話，美是美，只可惜少了點什麼，就美食節目而言，這位美麗的廚娘缺乏了鍾愛美食應有的激情，你驚訝的目睹滿螢幕都是那份專業主持的淡定。說到底，會做菜和愛做菜是有差的，技術往往不是關鍵。

英語有個流行詞叫做「Food Porn」，在我們的既定思維裡，**Porn**當然就是A片，但這個辭彙的來源是因為電視烹飪節目的氾濫，辭彙本身沒有什麼惡意，也和A片無關，只是一樣，

〔註13〕香港鳳凰衛視的美食節目，「美女私房菜」以美食會友，用視覺和味覺分享生活的感動，由鳳凰衛視的女主播沈星擔任主持人。

女主角是不可少的。美麗廚娘獻身美食，自然最為賞心悅目，於是類似節目層出不窮，好似只要美女會做菜就可以開播。

而 Food Porn 之所以會走紅至氾濫，當然是其間不乏佼佼者，說到這些 Porn 的主角，不得不提到一個人，她就是奈吉拉・羅森（Nigella Lawson），英國美食秀的女主角，受過良好教育，出身名門的奈吉拉本來是一位自由撰稿人。在一九九八年，她出於個人喜好，出版了一本書，名為《怎麼吃》（*How to Eat: The Pleasures and Principles of Good Food*），大賣三十萬冊，成為當年最暢銷書，隨後應邀在 Channel 4 主持以她的名字命名的烹飪節目「The Nigella Bites」而紅透英國。

現年五十二歲高齡的美女廚娘奈吉拉，依

然活躍在不同的美食秀上，並且獲獎無數。是名副其實的「Queen of Food Porn」。我曾經上YouTube 觀看她的節目，她美麗豐滿，對烹飪嫻熟有創意，但最為出彩的是她那份透過螢幕傳遞而出的欣喜。在烹飪的每個步驟，她都充滿了激情和期待，觀眾只能緊跟她的節奏，無論你喜不喜歡這道菜，還是你根本不下廚，可你還是和她一樣期待那份美味的出爐，甚至如她「教唆」的一般，最好在洗盤之前把殘渣也舔乾淨。不能否認，奈吉拉的節目有著刻意的表演成分，但她對美食真摯的喜愛，才是影響她節目風格的關鍵，也真正感染了觀眾。

在她的節目裡，油脂肥厚的甜點永遠是隆重的主題，場場出擊都讓人垂涎三尺，看到她把巧克力淋在Cheese蛋糕上，輕抿嘴唇的一刻，真的太性感了！

在我欣賞畫面的同時，我這個電視外行人，一樣讚歎場外的導播和剪輯有著電影蒙太奇的視角，奠定了整個節目更緊湊好看的基調，也是功不可沒。

說了這麼多，只是一個小小的希望。什麼時候看到我們自己的「Queen of Food Porn」？

20

數學家與剁椒魚頭

「剁椒魚頭」是正宗湖南菜（湘菜）〔註14〕的代表，選用的魚頭大多是草魚或者花鰱、白鰱。這是因為草魚和鰱魚頭大、肉厚，又容易烹飪。通常做法是將大塊的魚肉放鹽煮湯，再用這湯汁加剁椒與魚頭同蒸，最後裝入一個巨大的盤子裡，端上桌來，剖開兩半平放的魚頭上鋪撒著一片猩紅的辣椒，有一種壯觀的美。這樣的一道菜，應該很難讓食客聯想到數學吧。可偏偏「剁椒魚頭」與清代大數學家黃宗憲有著不解之緣。

偶然上網讀到，「黃宗憲入選中國世界紀錄協會，中國名菜『剁椒魚頭第一人』！」不禁啞然失笑。黃宗憲原籍湖南新化，他不僅是清朝時期的大數學家，也是著名的反清文人。傳說雍正年間大興文字獄，黃宗憲被迫出逃，途經湖南鄉村，借住農戶家。好客的農婦正愁難為無米炊，

〔註14〕又稱湖南菜，是中國八大菜系之一，自漢朝便有了相當成熟的發展。湘菜由湘江菜、湘西菜和洞庭湖菜三部分組成，以香辣為主要特點。

❶新紅火辣的剁椒魚頭，
居然是數學家的傑作。

好在兒子釣回一條河魚，於是將就著用自家留存的辣椒剁碎後配魚頭下鍋蒸熟，不想味道鮮香綿辣，黃宗憲吃後很是喜歡，回家將這道菜改良並取名「剁椒魚頭」。

想來無非是文人賣弄雅興的一樂，卻不料百年後反得了「剁椒魚頭第一人」的名號為世人熟知。如今知道他的數學名著《求一術通解》〔註15〕的應該沒有幾人，吃「剁椒魚頭」的人卻遍布大江南北。若他泉下有知，也不知是悲是喜。

黃宗憲的「剁椒魚頭」雖然紅遍中國，還火辣辣的熱到國外，但百姓自家烹飪的剁椒魚頭卻很少見。原因在於它的做法雖簡單，可用料卻講究，而且講究的不是魚頭，是那剁椒醬。有上好的剁椒醬才能成就剁椒魚頭鹹鮮微辣的美味。

從挑選優質辣椒開始，將其去蒂洗淨，擦乾

〔註15〕清朝的黃宗憲所著。黃宗憲字玉屏，湖南新化人，近代著名數學家。他是丁取忠的學生，亦是以丁取忠為首的白芙堂數學學術團體的重要成員。在他多部著作中以《求一術通解》最為重要。在該書中，黃宗憲對秦九韶的《求一術》作了進一步的闡述，不僅解答了一次同餘式組問題，還用《求一術》解決了二元一次不定方程式問題。

水分。再和入十克剁碎的薑蒜，加鹽、豆豉和沙糖拌勻放入容器。容器多半是玻璃瓶，切記瓶口要加保鮮膜後蓋密。放置七天後才可食用。另外須特別提醒的是，剁椒醬所用工具、器皿、包括操作者的雙手都應保持乾燥無水，否則醃好的辣椒很容易黴變，反而做壞了一鍋好魚。所以「剁椒魚頭」難在剁椒，誰曾想正是這小小辣椒讓「剁椒魚頭」登上了美食榜，捧紅了黃宗憲，卻走不進百姓家。

21

鹽水煮蠶豆也登大雅之堂

同學的日籍男友請客，一行人來到一間精緻的日本餐廳。服務生端上小巧的蒸籠，滿懷期待的打開後，裡面居然只躺著幾顆青翠的蠶豆，美其名曰：「土佐煮蠶豆」。入口後豆軟滑細膩，鹹鹹香香頗有味道，的確有著土佐古風（土佐國，日本古代的令制國之一，其領域即為現在的高知縣）。一旁的同學小聲抱怨道：「日本人搞什麼，不過是我們小時候吃的鹽水煮蠶豆，就這麼幾顆，放進蒸籠就賣這麼貴……。」

精美、巧思、配色，甚至少量，都在為日本料理增值，為什麼不可以賣這麼貴？德國建築大師路德維希・密斯・凡德羅（Ludwig Mies van der Rohe）的建築理念：「少即是多（less is more）」[註16]，舒馬克（E. F. Schumacher）《小即是美》（*Small is Beautiful*）[註17]的經典經濟論，

〔註16〕德國建築大師路德維希・密斯・凡・德羅（Ludwig Mies van der Rohe, 1886－1969）提出的一種建築理念：少絕不是空白而是精簡，多也絕不是擁擠而是完美和開放的空間。由於形式上的精簡，容易模仿，因此很快影響到世界各地，也影響了其他領域的設計。因此稱為「國際風格」。

❶中式的鹽水蠶豆一樣很美味。

都在這一籠土佐煮蠶豆的纏綿曖昧中得到了體現；為我們這些凡夫俗子無窮盡的需求，在精神層面提升了一筆。土佐煮蠶豆做出了古雅之風，讓它貴得合情合理。

從土佐煮蠶豆之美，我們不妨大膽設想，所有鹽水煮蠶豆都有登得大雅之堂的可能。同學小時候吃的鹽水煮蠶豆自然不能例外。那個年代的孩子們或許都還記得，蠶豆上市的時節，家人總是用鹽水加五香煮上一鍋連皮的蠶豆，再用線串起來，給孩子掛在身上，是佛珠或是項鏈？說不準。總之隨手就可拽下一顆，放在嘴裡越嚼越有滋味。吃相雖不佳，卻也算是吃出了創意。有聰明的小孩懂得舉一反三，又做出了「手鏈」和「戒指」什麼的，其間樂趣大大超越了吃嘗蠶豆本身。

只是這樣的吃法是很難高雅的。雖不服氣所

〔註 17〕六○年代宣導中級科技概念的著名經濟學者舒馬克〔也翻譯為修馬克（E. F. Schumacher, 1911 － 1977）〕，其名著《小即是美》（*Small is Beautiful*）是一本深具人文深度的經濟學著作，重拾了人類的基本價值。

謂「法式大餐，中國小菜」，可反觀世界各地的中國餐館，是不是分量太大了？擺盤太俗了？價格太低了？不知從什麼時候開始，價廉便不那麼物美，形式居然也重過實質，副產品或許比主產品更可愛……。曾經讀過一個外國遊客的手記，當他到中國西北鄉村，看到一個老農蹲在牆邊「喝」著一大碗麵，他就想中國是沒有飲食文化的；可當他在北京品嘗精緻絕倫的官府菜餚〔註18〕時，他恍然大悟，中國的飲食文化只在上流社會。

其實五千年的華夏飲食文明是散落民間的瑰寶，可惜浮躁的現代人只顧著賺快錢，草率了這分厚重的文化。一個民族的文化永遠不是靠小眾的官府菜去推廣，鹽水煮蠶豆也該有登大雅之堂的願望。

〔註18〕又稱官僚士大夫菜，包括一些出自豪門之家的名菜。官府菜在規格上一般不得超過宮廷菜，而又與庶民菜有極大的差別。貴族官僚之家生活奢侈，資金雄厚，原料豐厚，這是形成官府菜的重要條件之一 。官府菜形成的另一個重要條件是名廚師與品味家的結合。官府菜主要分為以下幾種：孔府菜、東坡菜、雲林菜、隨園菜、譚家菜、段家菜。

22

「炒」出來的大千仔雞

國畫大師張大千先生〔註19〕素來講究庖廚之樂，曾直言：「吃是人生最高藝術。」據說大師在日本時期，曾傳授東京的中國料理師傅，做一道他親自改良創新的菜式。就是拿嫩雞塊和新鮮的青、紅辣椒一起，配合大火熱炒而成。這道菜一出，清香四溢，鮮嫩多汁，味道口感都極好。在當地很受歡迎。之後此菜便被命名為「大千仔雞」。

文化、名人、美食，哪裡還找得到比這更好的組合。絕佳的商業炒作！如此美食譜上便有了這「炒」出來的「大千仔雞」了。說起這「大千仔雞」，與中國江浙一帶的「梅雞」倒是頗為相似，或者根本就是同一道菜。

在中國的長江中下游，每到梅雨季節，特別是「出梅」的時候。（出梅又稱為「斷梅」，指梅雨結束的日期。通常在七月八日至十二日結束。

〔註19〕張大千（1899年5月10日—1983年4月2日），中國著名畫家，祖籍廣東省番禺縣，生於清朝四川省內江，因其詩、書、畫與齊白石、溥心畬齊名，故又並稱為「南張北齊」和「南張北溥」。

出梅後，大部分地區便進入盛夏季節。）家家都要吃「梅雞」進補，這已是約定俗成的事。

通常意義上的吃「梅雞」，定要在出梅當日吃紅燒爆炒的仔雞，或仔公雞，才算得上大補。如若可能，一人進食一整隻雞，那更是一頓圓滿的進補大餐。可以治療體虛多病、神經衰弱、緩解睡眠不深等症。女孩子吃了還能夠美容養顏去色素。而仔公雞對補腎虛有奇效，更是不爭的事實。簡單說來，就是公雞補陽，母雞補血養陰。而出梅（霉）吃雞（吉），又被認為是「吃到吉利」，有萬事如意的祝福。就此希望一家人離了霉氣，諸事大吉大利！也算為節氣更換討了個好彩頭。

江南自古水土肥美，環境宜人。即使這農家仔雞，也多以五穀餵養，在放養的環境中與花鳥

❶一盤文化人的炒仔雞。在江南家家都在出梅時吃上一盤仔雞。

魚蟲為伴，不過一年左右的光景，小雞長到半公斤左右，不肥不瘦，豐羽美冠，腿小卻緊實有力，胸部肥碩白嫩。等梅雨一過，將這未交配過的仔雞宰殺放血，去毛除內臟，潔淨後放入湯煲煮至七成熟撈出，切塊並濕澱粉勾芡。之後將鐵鍋以旺火燒熱，倒入熱油，下乾辣椒、花椒煸炒，再放醋、酒、鹽、再煸炒，接著加入勾好芡的雞塊和切絲的青、紅辣椒，一同用大火爆炒後對入清湯，燜上幾分鐘，等湯汁收濃，再以味精大蒜提味。出鍋裝盤即可。這大吉大利的梅雞的做法，可不正巧與「大千仔雞」一模一樣。

屆時，江南各地，送走梅子紛紛雨，家家迎來的都是一盤文化人的「大千仔雞」。

23

「征」出來的粉蒸肉

沔陽就是現在中國湖北省的仙桃市。已有一千四百多年歷史的沔陽，又被稱為「歌藝之鄉」。沔陽的剪紙、皮影藝術也是享譽海外，堪稱民間藝術的瑰寶。而我對沔陽的認識，卻與這些無關，談沔陽只為談「沔陽三蒸」，所謂「沔陽三蒸」其實就是蒸魚、蒸肉、蒸圓子，其中特別值得一提的就是蒸肉，只為它是別具一格的「粉蒸肉」。

但凡看過金庸大師的《射鵰英雄傳》，想必就應知道陳友諒這號人物。陳友諒在中國歷史上真有其人。他是元末農民起義領袖，原籍便是湖北沔陽。儘管歷史學家對他的評價褒貶不一。但要談他對家鄉的貢獻，只這「粉蒸肉」一項就該讓他青史留名。

據傳陳友諒從家鄉沔陽率兵遠征采石磯，為

❶ 朋友親自下廚做的粉蒸肉，思鄉味正濃。

了犒賞兵士，令軍廚按「征」字做家鄉菜餚，取意遠征勝利。於是廚師用「征」、「蒸」的同音做出了蒸魚、蒸肉、蒸圓子。陳友諒的夫人為彰顯其賢慧勤勉，親自下廚用蒸魚肉的米粉加入調料將五花肉片拌勻後蒸熟，取名「粉蒸肉」送予將士品嘗。「粉蒸肉」肉質疏鬆，甜鹹適度，肥而不膩，眾人吃了讚不絕口。「粉蒸肉」也由此盛行於沔陽，後傳至中國各地，成為家喻戶曉的一道美食。

可惜在新加坡卻難見「粉蒸肉」的蹤影，最初我還對此耿耿於懷，不過日子久了，「粉蒸肉」也就淡出了個人「食譜」，到了快被遺忘的當兒。卻不想一個週末，居然能與粉蒸肉前緣再續。

來自湖北的好友盛情邀我赴家宴，我調侃她「如此力邀，今天定有什麼殺手鐧吧。」她回覆：

1

「當然，妳來了就知道了！」花了比去機場還久的時間到了她家，添酒開席後的第一道菜便值過了「票價」。這金色珍珠粉閃爍中，點綴著青翠蔥花的居然是粉蒸肉！「我加了醋，這是我做的最成功的一次。」

果然，粉蒸肉一入口便是甜鹹交錯，由薄薄一層醋香提拉後，它的清甜潤滑完全表現了出來，口感極好，多食也不覺膩，想必是那五花肉的油脂早被「珍珠粉」吸到飽飽，讓蒸肉看著多汁，吃著卻鬆軟。

「似肉非肉」應是蒸肉的最高境界吧。我笑言，「妳這湖北的子孫，真沒有愧對陳友諒『三蒸』的祝福。」她笑著點頭贊同，遠在他鄉為異客，還有什麼比吃一口家鄉的「粉蒸肉」更能寄託人在征途的遊子情懷呢？

24

生薑之美　禪意關懷

「一子不在家，二子去找他，找到老王家，王家有個俏閨女，頭戴兩朵花。」這個字謎很多人小時候猜過，大多數人第一次都會猜是「美」字，謎底卻是「薑」。時逢秋風起，是兩樣極品上市時，一是螃蟹，再就是生薑。生薑不可與螃蟹相提並論嗎？的確不可，因為好的生薑是勝過螃蟹的。

看到「吉野家」糖醋醃製的紅薑非常受歡迎，我迷惑了，要說到生薑，這哪裡比得上銅陵的佛手薑呢？

遠在春秋時期，銅陵人就開始種薑。到了宋代，銅陵生薑就被欽定為「貢品」。「塊大皮薄，汁多渣少，肉細脆嫩，香味濃郁」就是銅陵生薑的特色。

銅陵是長江邊的一座皖南小城。城南郊區的

❶生薑是普通百姓的手中寶。

董店谷地，有一處叫佘家大院的地方，此地的佛手薑（狀如佛手而得名）堪稱一絕。佘家大院的生薑上市，商客從來不挑不揀不講價，見貨掃貨。如此受歡迎的生薑，其優良品質主要得益於特定的地理環境和土質。董店谷地地處天門山和銅官山之間的狹長地帶，長約十公里，其走向和主導風向一致，通風佳；山丘植被儲蓄大量水分，濕度夠；十多米深的岩體土質含有大量礦物質和微量元素，這種土質的形成至少需要數萬年。如此適宜生薑種植的自然條件，勿庸置疑，長出的薑必然是「天生麗質難自棄」了。

那麼生薑到底是配料還是小食？九華山的僧尼，不惜山高路遠到銅陵採購生薑，自製「糖冰薑」當零食才能度過清冷的修行歲月。地道的銅陵人，自古就有早起開水沏茶配茶點的習慣，吃

的茶點就是以自家醃的糖醋薑為主。去了皮的白薑塊或薑絲，潔白如玉，透明如冰，那是童年記憶最溫馨的部分。這樣的人間極品，配料的地位真正是委屈了它。

早起吃薑是風俗，風俗往往是百姓的智慧結晶，「早上吃生薑，勝過吃參湯；晚上吃生薑，等於吃砒霜。」「上床蘿蔔下床薑」是民謠更是科學，因為薑屬熱性，夜裡吃薑，容易加劇人體失水，傷及肺部，有害無利。

在中醫理論裡生薑是助陽之品，自古有「男人不可百日無薑」之語。俗話說：「飯不香，吃生薑。」說的是嫩薑改善食欲的功能。生薑的辣味還可以加速血液迴圈。最神奇的是，生薑可當暈車暈船藥，貼薑片於肚臍即可。而薑汁也不單單讓你治療鼻塞流鼻涕，它還有美容去頭屑的功效。

　　總之可不要小看了生薑，尤其是銅陵生薑，它可是百姓的手中寶。「一片生薑，勝過丹方」，日常治病要依靠它，「糖醋生薑，懶漢小菜」，平日小食離不開它。

　　那遙遠的江南小城，佘家大院裡的佛手薑，是上天給芸芸眾生的禪意關懷。

25

外婆家的麵疙瘩

偶然在網上讀到一位小朋友的日記：「星期天，我和媽媽去外婆家做麵疙瘩，先把麵粉倒入碗裡，再加點水，然後用筷子攪拌一下，那麵粉硬硬的，像筷子被黏住了，最後用手把麵粉給攪勻，再倒入鍋中。做好了之後我嘗了一個，香噴噴的，可好吃啦！」

讀完後，我眼角濕濕的，想起了外婆，也想起了她做的麵疙瘩。外婆已經去世六年了，她剛剛走的時候，我一直哭，抱著我的室友哭，還把鼻涕也擦在她的身上。外婆去世後不久，我一直收在手機裡和外婆最後的合影，不知怎地不翼而飛了，氣得我要去告某公司。多年後因為那顆「蘋果」的出現，它自己倒了，我也成了「蘋果」的粉絲。

前些日子春節回鄉探親，看到一家小小的餐

❶精緻的麵疙瘩。

廳門頭上寫著「熬湯雖無人見，良心但有天知」。賣的是食物，談的是良心，有點意思，於是就進去探個究竟。仔細一看，這不是小時候吃的麵疙瘩嘛，只是精緻了許多，美其名曰：「老湯麵•疙瘩」，所以才有了良心湯一說。我吃了一碗，口感味道都不錯，不管是不是憑良心熬的，耐心和火候是夠了。就是不明白「麵•疙瘩」之間為什麼要分開。我從小叫慣和聽慣了的是麵疙瘩，心裡已經容不下任何的改變。雖不認同，我還是拿起「蘋果」拍了一張「麵•疙瘩」的尊容，當晚躺下沒事，就拿出照片來看看。

這個冬夜格外冷，我的手涼涼的。外婆布滿皺紋的臉掛著微笑，那雙與她瘦小身體不相稱的大手，捧出一碗熱騰騰的麵疙瘩向我走來，「冷了吧，吃碗熱的，就舒服了。」那滿滿一碗形狀

各異的麵疙瘩，是把醒過的麵，隨手揪下一撮，捏吧捏吧就丟下鍋的，所以個個都長得很創意。我接過碗來，卻不急著吃，頭一樁事倒是捂起我凍如胡蘿蔔的手，貼著燙燙的碗竟沒有任何感覺。外婆看到就嚷嚷起來：「燙到手，燙壞了，傻ㄚ頭。」我這才笑著開始吃麵疙瘩，嘗了一個，便翹起大拇指對外婆說：「香噴噴的，可好吃啦！」她開心地看著我，想說什麼。這時，爐子上的水開了，咕嘟咕嘟的沸騰著，外婆轉身進廚房，邊走邊說：「等著啊，給妳沖麥乳精。」最喜歡就是鹹麵疙瘩配甜麥乳精。我便乖乖地等著，兩隻腳因為椅子太高就懸在那，盪來盪去無聊地敲打著桌腿。很餓了，可我捨不得吃完碗裡的麵疙瘩，就想著，等麥乳精來了，一併吃才好。就這樣一直等，等到麵疙瘩涼了，我的心也涼了，已然明白是等不到了。

這個冬夜格外冷，我醒來時，手裡還攥著手機，眼角掛著淚。不過是一個夢。

26

米飯的力量

米飯，永遠是當配角的主食。小時候聽說某親戚爛賭到家徒四壁，只能用醬油拌飯度日，那個同情是發自內心的，想想那得多苦啊。現在卻覺得醬油拌飯吃，未見多慘，在困境中倒是一份實實在在的安慰。畢竟主食是必需的，甜品卻不是。

米飯，看似單調乏味，其實卻是主食中的最為多變的一種。正如一杯白開水才有無限的可能，要是一杯咖啡，也就當定了咖啡了。

單單米飯的原料就有大米、小米、黑米、紫米、紅米、糙米、糯米、燕麥、青稞……。這樣繁多的名目已然讓人抓狂，何況每種米還可一變再變。這米下鍋久點烤成了鍋巴；放水多點熬成了粥；煮熟了搓一搓就是飯糰；裹上葉子吧，變了粽子；壓扁扁就是米粑粑；加點水回鍋，還當

❶一缽禪意的白米飯。
❷泛著明亮色澤的黑色糙米。
❸東南亞盛行的黃梨炒飯。

了早餐的湯飯，似粥非粥，有的地方叫做「糜」；拜託別人炸上一次就是炒米，當然炒米還可以做成炒米糖、歡喜糰等，扯太遠了，那屬於炒米的範疇……。但不管怎麼變，這些不過就是米飯呈現的不同方式，本質未有大變。

質樸的米飯也是很好相處的，和誰都能過到一塊，並總是冠以「夫」姓！就算只是遇到黑色醬油，如今也是上了菜譜的醬油炒飯；碰到橙黃的雞蛋，就是金裹銀蛋炒飯或者乾脆來個蛋包飯；烏木色的香菇？最常見的香菇油飯啦；紅豔豔的臘腸，當然是廣式臘腸飯；躺上一片豬扒，香港豬扒飯；如果幸運配合到八色果品，就是我們江南人最愛的八寶飯了；攜手上海青，又出來個上海美味菜飯；在台灣，沒有什麼比得過滷肉飯；若是盛在挖空的鳳梨裡，就是紅遍東南亞的

❷

❸

鳳梨飯；見了韓國泡菜，就是泡菜飯；進了韓國的石鍋，也只好叫石鍋拌飯；到了日本，米飯更是被發揮到極致，「壽司」這種頂著各種菜色的飯糰，其實不過是把一碗飯，幾盤菜分開了吃，居然也傾倒了全世界。看似壽司的功勞，實則米飯的力量。

米飯的境界是什麼？我的朋友當兵多年，有一次野營軍訓，月餘只是吃罐頭餅乾，一天執勤的小兵偷偷給他們捎來了一小盒米飯，米飯入口的一刻，帶來的居然是想哭的感動，「我再不會浪費一粒米飯，我懂得了它的珍貴。當它終日在那裡時，你卻察覺不到它的存在。一定要談米飯的境界，有點『空即是有』的佛道。」

聽了他的話，讓我想到了「清淨心布施三碗米飯」〔註20〕的故事。貧困夫妻一生中第一次吃米飯，

❹ 獨具特色的八寶飯。

〔註20〕源自佛陀時代的故事。釋迦牟尼佛讓舍利弗去點化一對貧窮七世的須達夫妻。夫婦見到舍利弗尊者來化緣，非常的興奮，儘管一生中第一次吃米飯，他們還是恭敬地陸續將三碗米飯都供奉舍利弗尊者。佛見須達夫婦一片真誠，便說：「一切罪滅盡，百寶從地生。」霎時須達所住的茅棚充滿了金銀財寶。此時，須達夫婦也心開意解，得了淨法眼藏，並央求佛陀收他們為弟子。

卻將三碗米飯恭敬地供養了化緣的佛陀，從此「一切罪滅盡，百寶從地生」。那米飯原就不是一碗米飯，而是一缽禪意了。

27

炸炒米嘍！

炸炒米是我們這代人的共同記憶，小時候的過年，炸炒米可是必不可少的零食，每到臘月裡，炸炒米攤的生意非常火爆，從一早開檔能忙至深夜，常常沒時間趕回家吃頓飯。

其實那時候應節的零食，還有炸蠶豆、炸年糕、麻酥糖、方片糕……，但不論哪樣都比不上炸炒米那般受歡迎。街頭巷尾賣炒米的大叔大爺一邊搖著機器，一邊吆喝著，鄰里的孩子們抱著大小各異的容器排隊等著，每次「砰」的一聲巨響……都讓小傢伙們好一陣興奮。可是，隨著時代的變遷，如今南京的街頭少見這樣熱鬧的場景了，年味也隨著越發零星的「爆炸」聲，漸漸地淡了。

除了時代超市路口等處還有炸炒米的攤點，雨花新村也有個炸幾十年炒米的老人依然風雨無

❶冬日街頭炸炒米的攤點。

阻地擺攤。生意卻是一日不如一日，有時候甚至一整天，沒有一個客人光顧。炒米的凋零，連累我們童年最愛舔食的歡喜糰（炒米和蜜糖粘成的米糰）也成了歷史。

半年前姊姊全家從海外移居上海，今年過年回到南京，一家人難得團聚，又多兩個可愛的外孫承歡膝下，父母特別的開心，買來很多零食要討他們的歡心，可是兩個國外回來的小兄妹真的很挑剔，什麼都入不了法眼。母親感歎：「現在孩子，好的吃太多，就不珍惜了。」姊姊卻不以為然。「您可不知道，兩個小的平時特別挑食，可有一天我們在上海請的阿姨從鄉下帶來方片糕，哎呦，他們兩個啊，說是世界上最好吃的東西啦。」

媽媽靈機一動，就帶著他們去買炸炒米。看

著賣炒米的老爺爺打開小轉爐，一手搖轉爐，一手拉風箱，嘴裡念叨著「炸炒米嘍！」兩個小傢伙早已樂不可支。不一會只聽爺爺吼一聲「放炮了」，「砰」的一下白白胖胖的炒米蹦出爐了，哥哥興奮得跳起來，年幼的妹妹雖然早早捂住了耳朵，還是被嚇哭了，只等到香甜的炒米入口，她笑著的小臉還掛著淚珠兒呢。那天回家的路上，兩個小朋友一直學著老爺爺的吆喝聲「炸炒米嘍！炸炒米嘍！」

❶ 老媽的辣椒醬配義大利麵。

28

老媽打倒了「老乾媽」

回家過年，我胃口大開，不過兩週就胖了兩公斤。「是冬天衣服穿多了吧？我看妳都瘦完了。」這就是我老媽（最喜歡我們這樣叫她），總認為所有人體重都不達標。她此生最恨我們減肥，因為她的退休生活重心就是下廚露一手。春節期間母親更是如魚得水，三代同堂最快樂的時光就是圍爐而坐，然後對她的廚藝大加讚美。即便如此，母親是不管早餐的，天大的事情也不能阻止她早起去公園和老太太們跳舞。所以一大早父親就賢慧地下廚了，真應了那句話：「老太越活越精神，老頭越活越像老太。」

不過沒有老媽做的辣椒醬，恐怕老頭的早餐是要被嫌棄的。不管是粥、餅、湯飯還是麵包，我們都要配上一勺老媽親手做的辣椒醬。即使平日空閒，嘴裡沒味時，也會偷偷嘗上一口。老媽

❶

❷ 老乾媽的辣椒醬。

的辣椒醬就是這樣的好吃、鮮美、爽口、夠味，還可以長期儲存，它讓我們每天都有個鮮辣的開始。記得小時候，我們姊妹的午餐盒裡總有辣椒醬，這樣即使菜蔫了，滿滿一盒米飯還是容易下肚。後來大了去外地讀書，假期結束最渴望的也是帶回一罐辣椒醬，直至今日出國也要帶辣椒醬，為的是成就我的私房菜「辣椒醬意麵」。

老媽總是有辦法為辣椒醬保鮮，保鮮盒、冰塊、塑膠薄膜、保溫桶，然後左交代右叮囑，「回去吃多少就熱多少，放久的話要重新炒一次，冷卻後再放保鮮盒存冰箱啊……。」我每次都等不及她說完就跑了，心想，能放到那麼久嗎，回去一準被室友瓜分殆盡，不然好人緣是怎麼來，對出門在外的學子，有什麼比這更好的賄賂呢。

總之，辣椒醬一直是老媽的得意之作，不過

這份得意不是沒有遭遇挑戰的。

一九九六年的時候，一個名為陶華碧的大媽成了老媽的假想敵。說起來也怪她，開創了什麼「老乾媽」系列食品，偏還有「老乾媽」辣椒醬，辣倒了大江南北，至今屹立不倒。那段日子大家都愛上了「老乾媽」，老媽辣椒醬面臨前所未有的威脅，我們上學也不打包帶去了，嫌麻煩。即使母親說不乾淨，防腐劑，染色劑，味精過量，還是沒有撼動「老乾媽」半分。

痛定思痛，老媽開始研究多種口味辣椒醬，其中肉粒辣椒醬是極品，裡面不僅有粒粒分明的黑豬肉，還有最愛的豆乾粒，清脆的筍粒，主角是切小片的紅辣椒和辣椒油，每份原料都是精心挑選，單獨入味，不僅醃製調配多次，分量比例也嚴格稱重區分，這才翻炒下鍋，達到你中有我，我中有你的境界，造就了史無前例的辣椒醬經典大作，力挽頹勢也穩住了老媽的心。

老媽，你終於打倒了「老乾媽」！

29

「吃貨」蘇軾

蘇軾是大文學家，更是個名副其實的吃家。吃家其實是附庸風雅了，蘇軾在當今應該被稱為「吃貨」。人都流放到海南了，只要「日啖荔枝三百顆」[註21]，就寧願留下不走。這樣的境界，豈能是吃家可以企及的。

歷史上的文人愛吃，多數也就是品食評食，所謂「君子遠庖廚」[註22]，眼高手低的才是吃家，像蘇軾這樣下得廚房的，是正宗的「吃貨」。蘇軾是有真性情的人，完全不顧什麼「肉食者鄙」[註23]，反而最愛就是豬肉，有詩為證：「黃州好豬肉，價賤如糞土。富者不肯吃，貧者不解煮。慢著火，少著水，火候足時它自美。每日起來打一碗，飽得自家君莫管。」（〈食豬肉詩〉）。連水分火候都入詩了，可見對豬肉之愛，最後終於吃出了「東坡肉」，可謂是吃出了境界。吃過東坡肉的

〔註21〕出自蘇東坡的《食荔枝二首》其二：「日啖荔枝三百顆，不辭長作嶺南人。」

〔註22〕「君子遠庖廚」出自《孟子》的〈梁惠王章句上〉。所謂「君子遠庖廚」，要表達的其實是一種不忍殺生的心理狀態。

〔註23〕肉食者鄙，舊時指身居高位、俸祿豐厚的人眼光短淺。出處為先秦左丘明《左傳・莊公十年》：「肉食者鄙，未能遠謀。」

人都應該知道，這樣的五花肉能每日起來打一碗，已是肉癡了吧。再次證明蘇東坡，是個實實在在的「吃貨」。

一再要證明大文學家蘇軾是「吃貨」。絕無貶低前輩的意思。「吃貨」實則是對貪食愛食者無限榮光的加冕。我這三十幾年的人生也為此奮鬥不已。所謂「吃貨」，本是股市用語，指的是買進股票。後來不知為何變成了老饕、貪吃的人的代稱。細究相同之處無非一為貪，二為進，三是無限期許的依託感和風險度。要知道嘗試一份新的食物，對愛吃的人風險不亞於買進股票，是送入天堂還是打進了地獄，真未可知。當然保險點的做法就是嘗試口碑好的食品，無異於買入績優股和看股評一般，好是好了，依然不夠保險之餘，也很難逮到個黑馬。顯然，蘇軾是個敢於冒

❶晶瑩剔透東坡肉。

1

險的人，他的升遷貶逐，無不是走到哪吃到哪，什麼都嘗試，還不乏親自下廚偶有大作，文字和美食均流傳千古，實屬不易。

如蘇軾在黃州嘗遍魚美筍香後，仍不忘吟詩「長江繞郭知魚美，好竹連山覺筍香」，到了海南為了荔枝，「不辭長作嶺南人」；最喜歡他寫〈丁公默送蝤蛑〉：「溪邊石蟹小如錢，喜見輪囷赤玉盤。半殼含黃宜點酒，兩螯斫雪勸加餐。」不僅入詩也入了東坡畫作之中。蘇軾還品得「冷淘」，頗有古韻的「冷淘」，也就是過水涼麵，同樣得詩一首〈二月十九日攜白酒鱸魚過詹使君食槐葉冷淘〉。

可見蘇東坡是食癡，每每品得佳餚都要附詩入文，不止於空洞的讚美，吃法做法也常可於詩文中窺見一二，往往點滴便頗有心得。正如開篇

❷蘇軾像。

所提蘇東坡不是看官品客，他肥碩的體型是適合在庖廚中轉悠的，信手拈來都是傳世之作，好像名聲大噪的「東坡肉」，也有他出任鳳翔府（今陝西鳳翔縣）簽書判官時，避暑東湖獨創的「東坡涼粉」，再有東坡鯿魚，東坡雞，紅彤彤的東坡肘子……。咋一聽，甚是嚇人，似乎東坡的肉和肘子都下鍋了。這些菜色不僅好吃，更因沾上了大文學家的氣息，竟有了文化味。

佳話野史，讓菜餚更具風味，最終形成了獨特的菜系文化——「東坡菜」。借由「東坡菜」的大名，連眉山，一個名不見經傳的地方（蘇東坡的出生地），也子子孫孫扛上眉山菜的招牌屹立不倒，餐館開遍大江南北。其實東坡菜是納四海之精華而生。儘管大師一生坎坷，但凡他涉足處，卻都是幸運的。

好一個實在又讓人肅然起敬的「吃貨」蘇軾，當定了我的偶像。而我自覺有做「吃貨」的小小天分，當然不能和大師一比，望其項背足矣。

30

豇豆那些事

我剛剛搬去的住處是高樓頂層，有個不大的陽臺，前方毫無遮擋，陽光充足，景觀無敵。

朋友問我想在陽臺種些什麼植物，不然可惜了這樣的好陽臺。何況買了把九十九新元的籐椅，放在陽臺上日曬雨淋的也不是辦法，不如種些攀藤植物，既漂亮也多了「綠色屋頂」。我思量再三，最後決定種豇豆。

豇豆在我的家鄉又叫豆角，閩南人的叫法，是菜豆仔，很可愛的名字。在新加坡的超市也隨處可見它，英文標著：Yard Long Bean 或者 Long Bean，翻譯成中文就是長豆，而的確有些地區也稱其為長豆。

說到豇豆，不禁讓我想起小時候，我家也有個陽臺，雖然只是二樓，可是那時候的樓層高，而且周圍都是些平房，加上我還很小，這房子便越發顯得高大起來。

很奇怪，每次想到這個家，我頭腦裡就會浮現那溫暖陽光照耀下的陽臺。這個陽臺的圍欄上有兩個長長的架子，架子之間連接尼龍的繩索，平時曬衣服或曬被子，有時候也曬一些要醃製的食材，像是用竹簸箕晾著的蘿蔔片、生薑、黃花菜……還有不需要竹簸箕，可以直接晾在繩子上的雪裡蕻和豇豆，它們被一把一把紮得像拖把頭一樣，固定在繩子上，在陽光下搖擺著。

小時候的我最喜歡曬被子，被子平鋪著，我就把小臉貼著被子在陽光下暖融融的；如果有曬蘿蔔乾，我會偷吃幾片，不過吃不多，受不了生蘿蔔的土腥味；若是生薑，那就吃的多了，辣辣鹹鹹很有味道，那鹹味是抹上的粗鹽，在陽光撫慰下已經完全入味了。

❶ 豇豆又被稱為長豆，充滿青澀的氣息，從藤蔓垂下的姿態級為柔美。

只是雪裡蕻和豇豆是吃不得的，一來我的手搆不著，二來看上去皺巴巴，實在沒了食欲。可是醃製好的豇豆就截然不同了，如涅槃的鳳凰，重生一般。曬好的豇豆經過油鹽辣椒醋的調理入味，要吃時切小段爆炒，炒好的豇豆泛著金黃色，好吃極了。不管早晨，正餐，零食我都大口地吃，直到被罵了才停口。

那時候只知道豇豆非醃不可，其實豇豆的吃法太多了。最常見的就是新鮮的豇豆洗淨切段，油鹽肉碎爆炒；也可以切到細碎，加辣椒醬炒；在上海，人們把新鮮的豇豆段加上糖醋，煮到黑黑的，樣子是不入眼，不過卻吃出了紅燒肉味，後來發現原來在菲律賓也是這樣吃的，他們也會給豇豆加糖，據說味道重得很。

日本料理中很少看到豇豆，日本人為什麼不

愛吃豇豆？豇豆這東西瘦瘦長長，樣子不夠漂亮，最麻煩的是它的氣味不佳，生吃難以下嚥，若是淡淡的酌味也難掩蓋植物本身的草腥氣，我想日本人的飲食習慣，應該不太好處理這樣的食材，於是也沒有流行開來。

豇豆需要重口味烹飪，加之清脆口感，好滋味才能被彰顯。比如在新加坡，馬來人用椰漿和麻辣的湯頭，加豇豆煮了自然好吃，當地的印度人會把它加進咖喱，或和咖喱魚頭同煮，吸了飽飽的咖喱汁的豇豆，咬一口就溢出湯汁來，美味著呢。

其實豇豆的花朵也是極美，有不同的顏色，其中紫藍色最漂亮，花狀如蝴蝶輕盈飄逸，透過我家陽臺米色的百葉窗看出去，是再合適不過了。

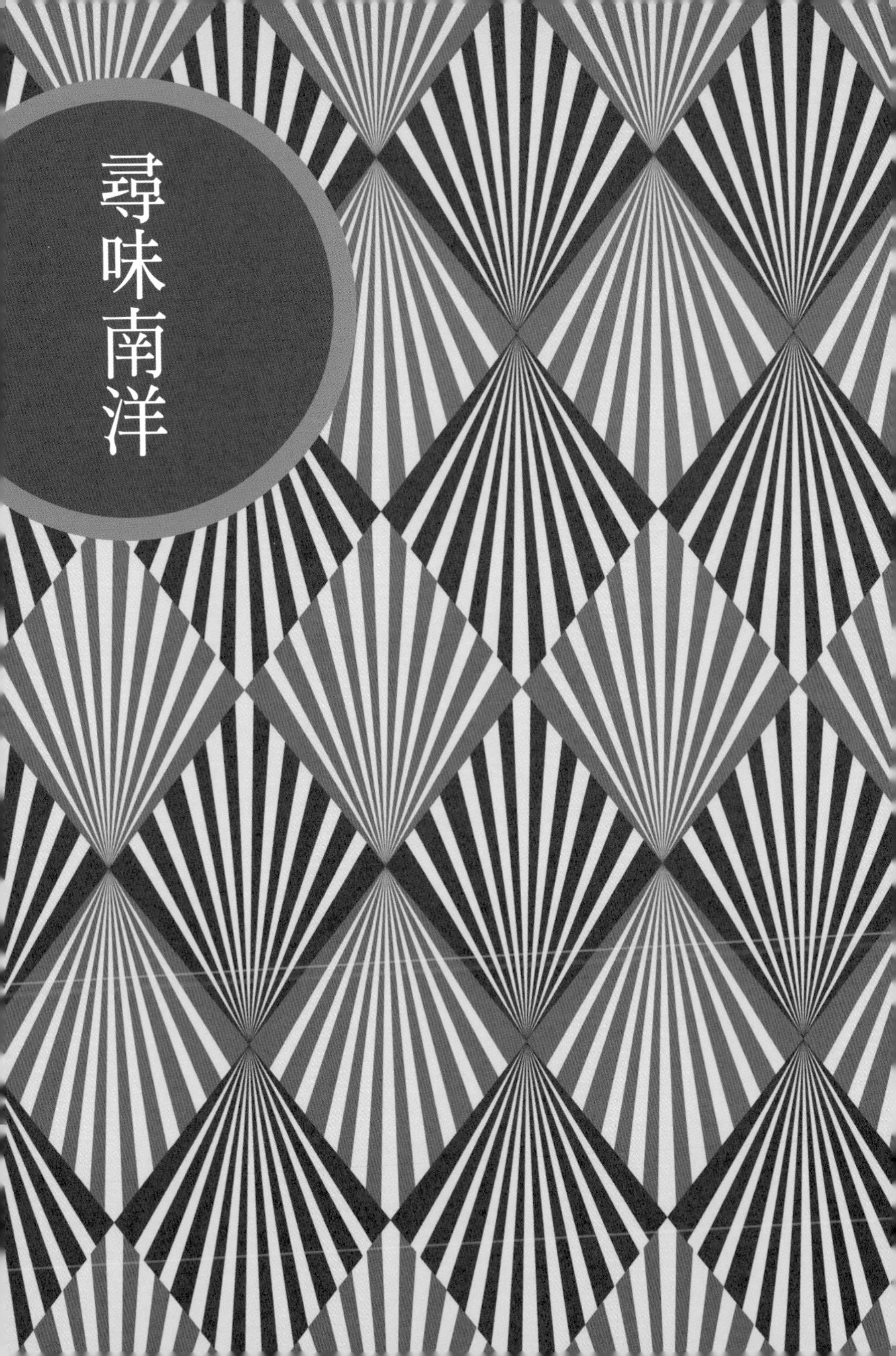

尋味南洋

❶馬來西亞巴生肉骨茶會加入腐皮並用砂鍋烘煮。

❷名震海外的黃亞細亞肉骨茶室。

01

不一樣的茶，肉骨茶

二〇〇八年的時候，新港兩地媒體曾有過一則特別的報導：新加坡的黃亞細肉骨茶餐廳（Ng Ah Sio Pork Ribs Soup Eating House），因拒絕當時的香港特首曾蔭權在打烊後光顧而上了小報頭條。什麼樣的「茶」這樣了得？

說到新馬一帶的華人美食，我首推肉骨茶。因為肉骨茶的意義不僅是美食，它是東南亞華人移民史，五味雜陳的厚重沉澱。

肉骨茶，在新馬一帶被稱為：Bak Kut Teh，就是閩南語的「肉骨茶」。從發音我們可以推測它是福建人的食物，不過它並非源自福建。在福建本省是沒有 Bak Kut Teh 的。

去年，新加坡舉辦僑批文化展，接待了幾位從福建泉州檔案館來的客人，席間他們談及最想再品嘗的就是新加坡的 Bak Kut Teh 和文東雞。還

黃亞細肉骨茶餐室
NG AH SIO PORK RIBS SOUP EATING HOUSE
黃亞細
肉骨茶
NG AH SIO
Bak Kut Teh

❸ 傳統的肉骨茶套餐配搭嚼勁豐滿的涼拌魷魚片。

❹ 娘惹風格的裝飾。

❺ 加東黃亞細肉骨茶室。

詢問哪裡能買到醬料，要帶回去烹飪。可見 **Bak Kut Teh** 是東南亞華人移民的原創。

而今 **Bak Kut Teh** 不僅是街頭巷尾買得到的東南亞菜色，也是出入五星酒店的當地佳餚。真正是進得廚房，上得廳堂的本土明星。但在華僑南洋開埠之始，**Bak Kut Teh** 卻是在社會底層掙扎求生的普羅大眾的「苦力茶」。

肉骨茶的歷史最早可追溯至十九世紀清朝末期，中國東南沿海的華人為了生計下南洋。當時的馬來半島一帶，很多地方還是瘴氣瀰漫（所謂瘴氣其實就是濕熱之氣），不似今日高樓林立，一片繁華。很多華人移民不能適應濕熱的氣候，患上了風濕。當時貧困的華人苦力負擔不起昂貴的中藥材，就收集藥鋪的當歸、川芎、肉桂、甘草的藥渣打包成茶，並加上南洋多產的胡椒，燉

煮便宜的排骨，一天燉下來，居然非常美味，可以下飯，又能驅寒暖身，漸漸也就傳開了。肉骨茶其實是他們自製的強身驅寒的「藥」，為了避諱才稱作「茶」。

直到今天還有「一碗肉骨茶、一世巴生情」的說法，緬懷的就是巴生碼頭上艱苦求存的苦力生活，也因為有巴生苦力茶這一說，為肉骨茶的起源還曾掀起過「新馬大戰」[註1]（巴生港在馬來西亞境內）。

當然經過這麼多年人們不斷對「茶湯」改良調配，今天的 Bak Kut Teh 風味更獨特，也成為當地著名的美食之一。「苦力」味早已蕩然無存了。

新加坡最著名的肉骨茶店，當然是最牛的黃亞細肉骨茶餐廳。拒絕了香港特首曾蔭權，接待過泰國前總理他信・西那瓦（Thaksin Shinawatra）。如

〔註1〕多數人認為肉骨茶起源於港口碼頭的「苦力茶」。新加坡人認為這個港口是新加坡。而巴生人堅稱巴生才是傳說中的那個碼頭。因此就肉骨茶的起源各執一詞。

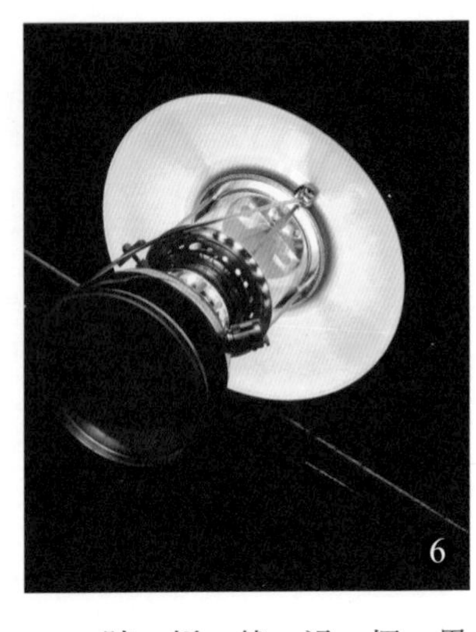
6

❻肉骨茶室的仿製煤油燈。

❼肉骨茶室娘惹風格的裝飾。

❽茶室配有煮茶的設施。

果有機會到此用餐，碰到個名人政客，一點也不奇怪。不過這裡的「茶」是帶有潮汕風味的濃郁茶湯。這裡的肉骨也是進口的新鮮豬肉，肉香有嚼勁。雖然來到黃亞細是為了享用肉骨茶，但其他周邊菜餚也是一定要品嘗的，好像豬腰豬尾湯、菜尾和燉蹄花、油條……也該來上兩碗，同時再在小爐上煮一壺茶，就像模像樣了。

我每次光顧總會叫上一壺鐵觀音，除了肉骨，也會點一份魷魚。吃一盤魷魚似乎不是正宗的肉骨茶套餐，但口味勁道新鮮，已然是很多人的新寵。如果選擇店面，可以去黃亞細的加東分店，這裡來的人少，殖民時期的老屋配上地道的娘惹風格裝修，下午慵懶的陽光從落地窗傾瀉而入，臨窗而坐，閒看街景，吃一頓香濃的肉骨茶，情調可媲美巴黎街邊的咖啡館。

7

HOT SURFACE
PLEASE DO NOT TOUCH!
8

❶ 海鮮螃蟹王，以蟹殼為裝飾。

❷ 螃蟹米粉金黃的湯汁相當誘人。

02

螃蟹是可以這樣吃的

「秋風起，蟹腳癢；菊花開，聞蟹來。」〔註2〕每年九到十月正是螃蟹黃多油滿時，在我的家鄉賞菊吃蟹是件很隆重的事，陽澄湖大閘蟹是如此矜貴，當然原汁原味才是最美。但頭一次來新加坡，就顛覆了我對吃螃蟹的認知，原來吃螃蟹也可以這般火辣豪爽。

辣椒螃蟹和黑胡椒螃蟹是地道的新加坡美食。據說五〇年代一個叫徐炎珍的女廚師首創辣椒螃蟹，之後過了幾十年才「誕生」了它的近親黑胡椒螃蟹。這對紅黑雙蟹在當地人心中算得上是「國菜」，遊客來到新加坡沒看魚尾獅事小，沒吃辣椒和黑胡椒螃蟹，那可是要遺憾終生。

我個人比較鍾愛辣椒螃蟹，每隔一段日子總要去大快朵頤一番。辣椒螃蟹用的蟹是斯里蘭卡紅鱘，體型大得驚人。比起來，家鄉的大閘蟹雖

〔註2〕民間俗語。每年九至十月正是螃蟹黃多油滿之時，所以有美食家言「秋天以吃螃蟹為最隆重之事」。

1/9/2007
Danny Glover
#23
Best Crab in
Singapore!!
16/3/07

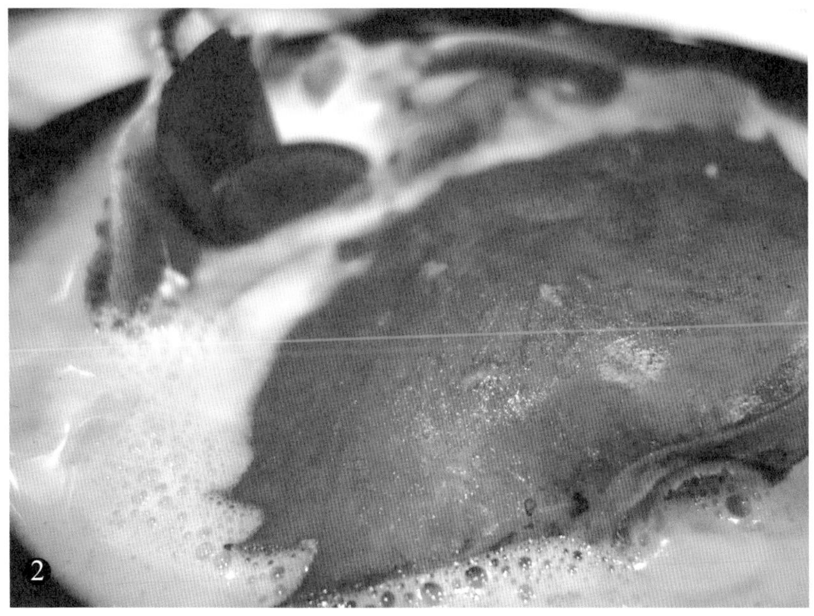

❸海鮮螃蟹王，英文名Melben。

❹被譽為新加坡國菜的辣椒螃蟹。

3

然味道更勝一籌，可這「大」字實在不敢當。斯里蘭卡紅鱘光是螯就可以握滿一手，蟹殼更是可以掛著當招牌，看上去如一個紅紅的大湯盆，招搖地吸引著路人的目光。

剛來新加坡的時候，只知道兩家著名的海鮮館，長堤和無招牌，每次去都會遇到一群遊客在排隊等吃。後來住的日子久了，發現一些小巷鄰里間竟有更多更便宜的吃辣椒螃蟹的去處，心中大喜，結果去得更勤，花費自然更多了。

吃過大閘蟹的人，都知道海蟹最多只可稱鮮嫩，算不上鮮美。所以濃稠的湯汁才是辣椒螃蟹的重頭戲。由新鮮辣椒、番茄醬、雞蛋和洋蔥調成的湯汁，將螃蟹浸在其中，拎出一個大螯用手指剝著吃，雖然不雅觀，卻是最專業的吃法，醬汁從指縫流下也不必介意，最好連剩在盤中的醬汁也不要放過，把配食的小饅頭酌上了醬汁吃，

4

❺辣椒螃蟹的大肉鉗。

直到把大盤抹得乾乾淨淨才算是完滿。

可以這樣狠狠吃上一頓辣椒螃蟹的餐館在當地為數不少，可唯有一家鄰里的海鮮館，讓我印象特別深刻。這家餐館辣椒螃蟹做得地道，自然不在話下，可最初吸引我的卻是店名，英文名叫「Melben」，有點奇怪。還是中文招牌「螃蟹王」聽起來要親切多了。

雖然是鄰里餐館，店內的裝修卻自有一套，儘管所有以螃蟹為主打的海鮮店，都掛著蟹殼，可是這裡的蟹殼都是掛在展示櫥裡的，上面滿是光臨過的名人簽名和祝福，很是有趣。

每次看到這些蟹殼，總是感到：一個全副武裝的美味、一個執拗外衣下的柔軟內質，一種很吊詭的生物。若非出現了吃螃蟹的人，它不知還要橫行多久？若不是那位將它與辣椒同煮的廚師，這偌大的螃蟹不知會是怎樣個吃法。

03

新加坡式早餐

菜泡飯、粥、鹹菜、油條、鍋貼，還有水煮蛋就是江南老家的早餐了，花樣再變也出不了這幾種。記得小時候總是匆匆忙忙胡亂扒上幾口菜泡飯，臨出門抓一個熱熱的水煮蛋放入口袋，上學路上就靠它為小手取暖了。後來去了上海，生煎包、牛肉麵配鴨血湯就是一天最美好的開始。如今，因為報館上夜班的緣故，長期以來養成了一日兩頓的壞習慣，久違了早餐。如果哪天難得早起，好好吃一頓早餐可是格外矜貴，成了儀式般的大事。

我個人最喜歡在新加坡的食閣（food court）或是小販中心（hawker centre），來一份地道的新加坡式早餐，看看報紙，或者對著人潮發呆。不過更多當地人，最愛亞坤的早餐，這家開了半個世紀的老店，的確做出了新式早餐的境界。如今

❶ 肉鬆土司。
❷ 亞坤的傳統早餐套餐。
❸ 新加坡式的早點。

已是連鎖經營，分店遍布。

什麼是新加坡式早餐？兩片烤到酥脆清香的土司夾著Kaya（咖椰，一種由雞蛋、白糖、椰漿和香蘭葉攪拌後做的甜醬，但在新加坡和香港人們稱之為「牛油」）；一杯濃稠的咖啡烏，和一個半生熟的雞蛋。這就算是新加坡早餐的標準配套了。如果鄰桌有人將半生熟的雞蛋打入塑膠小碟中，加少許胡椒粉，老抽兩滴，伴隨喉嚨發出咕咚聲，一飲而盡，多半就是地道的新加坡人。

我還記得有段時間，當地電視臺播放了一部廣告，其中一個片段，就是將半生熟的雞蛋打入藍紫色的碟中。明亮的側光，伴隨蛋黃緩慢地流動。那一刻，我突然發覺在當地年輕人看來已落伍又不衛生的吃法，充滿了親切溫馨的新加坡味。

如果有一天我離開這個島國，想起這裡，應該會

亞坤
2

3

有這樣溫馨的一幕吧。

其實，不論你身在何處，普羅大眾的早餐都有一個共同的特點，就是製作簡單，食材明瞭，營養均衡，提神醒腦……。因為一頓真正的早餐，功能性永遠是主導。從這點來看，各地的早餐是類似的。但著眼食物本身，早餐又是最具獨特性。早餐往往是當地美食的濃縮，人文的速寫。曾經有一個網友發帖，內容便是版主在世界各地享用的早餐圖片，美其名曰「早餐代表大會」。我粗略過了一遍，居然可以不用看介紹也能辨別出多數來，就算不能確定來自哪個國家，但大致的範圍卻是輕而易舉便能鎖定的。可見小小的一份早餐，意義遠遠超越了早餐本身。試想一日，新加坡的早餐沒了 Kaya 土司、咖啡烏，和半生熟的雞蛋，新加坡還是那個在南洋的家嗎？

❹ 芳香濃郁的南洋咖啡。
❺ 新加坡式咖椰麵包。

5

❶沙煲烘焙的薑葱田雞。

04

田雞之美不在田雞

芽籠（Geylang）九巷的「田雞粥」據說非常好吃，是宵夜中的極品！可來到新加坡兩年了，才第一次去品嘗這家的田雞粥。作為絕對的肉食者，看到田雞鼓脹的大腿肉，早已按捺不住。遲遲沒有下手的原因，是礙於最著名的田雞粥偏偏在最著名的紅燈區附近，魚龍混雜。女生要半夜深入紅燈區吃美味，多少有點躊躇。終於一次同學聚會，仗著人多勢眾，一幫女孩子第一次來到芽籠，一嘗這獅城的宵夜極品。

芽籠給人的感覺，非常不像新加坡，更像時光倒流了幾十年的新加坡。這裡雜亂的街景，五顏六色的霓虹燈……除了當地人，更多是來自中國各地的移民，少數韓國、越南、泰國移民也常常聚集在此。在這裡說英語可能有障礙，說華語一定暢通無阻。當地曾有媒體人提議芽籠才是新

❷ 只有蔥花點綴的白粥。
❸ 位於紅燈區的九巷田雞粥。
❹ 九巷子田雞粥攤點夜夜高朋滿座。

加坡的中國城，而所謂的中國城（Chinatown）——牛車水，更像是一個冰冷的秀場，芽籠卻真真實實地生活著。網吧、茶樓、羊肉串、新疆大盤雞、中國超市都能在這裡找到，連中國式過馬路也在芽籠的道路上上演……。

當然這裡最著名的是紅燈區，雖然芽籠是一片很大的區域，紅燈區只是中間的幾條小巷，可不知道從什麼時候開始，芽籠還是成了新加坡紅燈區的代名詞。

來到芽籠九巷，田雞粥的火熱是看得到的，塑膠的桌椅已經排到了馬路上，昏黃的白熾燈光中，食客走了一波又來一波，夥計們熟練地穿梭在餐桌間，點菜的點菜，上菜的上菜，好不熱鬧。好容易等到美味上桌，才恍然大悟田雞粥原來是田雞歸田雞，粥歸粥，分開做卻搭配來吃，準確

Geylang Lor
芽笼九巷活田鸡
Fresh Frog Porridge
Geylang Lor 9
芽笼九巷活田鸡
Fresh Frog Porridge
芽笼九巷活田鸡
Nổi tiếng
Cháo ếch
Geylang Lor 9

3

FU

4

地說應該叫炒田雞配白粥。

這裡的田雞只有兩種口味可選，「薑蔥炒」或是「宮保」。哪種滋味更好？我覺得是伯仲之間，完全看食客是喜歡微辣還是蔥香。不論是色澤豔麗的乾辣椒，還是爆香後的薑蔥與濃郁醬料交融，煮出的田雞在沙煲的微烘下都特別鮮美。不過單單就田雞的口味而言是過重的，吃不了兩塊就會膩，好在白粥恰如其分地襯托了這份美味，讓濃郁的田雞在白粥的清甜中越發美而不膩。試想，若是配炒飯，再加幾個小炒，恐怕這田雞便顯不出美味來。比起肥碩的田雞，白粥四兩撥千斤的提點才是關鍵。

這讓我想起小時候聽的一個故事，一家餐館的一道清湯名揚天下，同行不惜偷得配方去烹飪，但無論怎麼努力始終無法超越。後來餐館的老闆在彌留之際道出其中的祕密，原來這家餐館菜餚雖可口卻偏鹹，最後上一道清湯，食客便覺得這道湯真是世間奇珍，美味無比。其他餐館即便做出更好的湯來，卻始終比不上這道普通的清湯，原因不在湯本身。正如田雞之美不在田雞。

05

囉惹和生薑花

二〇〇三年《跑吧！孩子》（*Homerun*）成為首部獲得國際電影大獎的新加坡電影。導演梁智強（Jack Neo）將伊朗影片《小鞋子》（*Children in Heaven*）改編為以一九六五年獨立前後的新加坡為背景，除了表現真摯的兄妹感情和少年友情，更多細節巧妙地詮釋了新加坡特有的多元文化、政治歷史。讓影片超越了一般意義的好電影，脫穎而出。

影片中有一個情節描述的是小孩子們組成的足球隊，名叫 **Rojak**。很多不瞭解東南亞的朋友，可能根本不知道 **Rojak** 的含義。**Rojak** 可以譯為囉喏或囉惹，印尼文稱為 **Rujak**，其實是東南亞特有的一種蔬果沙拉。**Rojak** 本意是「混合物」、「雜燴」，也是新加坡人口語常說的「摻摻」。因此，**Rojak** 也常用來代表新加坡社會的多元文化。可別小看了這小小的球隊名，意味深長。

Rojak 到底是怎樣的美味？

摻摻了各種滋味的囉惹也是分不同風味的。在新加坡分為印度式和當地華人囉惹。印度式囉惹主要以炸麵團、煮馬鈴薯、炸明蝦，煮雞蛋、芽菜和小黃瓜為主料，淋上熱的花生番薯醬，味道濃郁，香氣撲鼻，色彩鮮明，保有印度飲食一貫的特色。

當地華人的囉惹則是用新鮮水果和蔬菜組成，以甜、辣、香脆出位，有時候也搭配豆乾、油條、墨魚，再用甜辣醬和花生碎輔味，開胃爽口好似水果沙拉，當然也是女生最愛。

典型的水果囉惹可以同時品嘗到黃梨、小黃瓜、沙葛、芽菜、豆蔔和油條。有些還外加了生芒果、青蘋果、蓮霧（水翁），幾乎囊括了多數東南亞的水果，可謂物超所值。最後再添加馬來盞（蝦醬）、糖、辣椒和青檸汁醬汁攪拌，撒上碎花生，入口黏滑多汁，唇齒留香。

新加坡有很多素食者，比如虔誠的佛教徒，要青春永駐的美女等。水果囉惹算是素食者的最佳選擇。當然諸如墨魚、蝦醬等食材是絕對不能入菜水果囉惹，否則沾了葷腥，「罪過」可就大了。

前幾日和當地的朋友去吃囉惹，順便向他請教食材的配搭，他從囉惹中挑出一些薄薄的蔬菜碎片，讓我猜是什麼原料，我把所知道的本土果蔬猜了個遍，還是離題太遠。他笑笑說，這個是生薑花。啊？原來生薑也是有花的？而且還可以入菜。我當下驚訝不已，一定要和他確認是生薑開的花還是生薑碎？得到確定的答覆，還不甘心。

❶ 摻摻文化的代表，囉惹。

❶

回家查資料研究一番，才瞭解到野薑花在東南亞、印度等很普遍，因為地下莖長的像薑，所以稱為野薑花，花朵像白色的蝴蝶，又稱為蝴蝶百合。在台灣一些低海拔的地區也是常常可以見到。野薑花藥用價值很高，可祛風祛寒，治療跌打損傷，筋骨痠痛……兼可食用。所以薑花在東南亞的菜餚中是很常見的食材。當然，真正的生薑也是可以開花的，不過概率和鐵樹開花一樣難能可貴，加上中國大陸的氣候並不適合生薑開花，更不知有沒有野薑花這種植物。少見必然多怪，可想見我初次聽說生薑開花的訝異。品嘗美味的同時還增長了見識，我這個獨在他鄉的人，也不虛此行了。

06

不是海南的海南雞飯

在海南居然找不到海南雞飯，原來海南人叫這道菜「文昌雞」。不知為何當年移民新加坡的海南人，帶來了雞飯的煮法，卻「丟了」這道菜的稱謂。或許是因為文昌雞只指白斬雞，而非雞飯套餐，在新加坡「海南雞飯」是配飯的套餐，如此一來，套餐當然不能單說是「白斬雞」，也就合理了。

其實傳統「文昌雞」的吃法和新馬一帶還是有區別的。日子一久，海南雞飯，從名稱到吃法都更加當地化，不再是海南的海南雞飯了。

在新加坡第一次看到雞飯糰，很新奇，店主會趁熱把飯捏成團，再配上雞肉，擺盤非常漂亮，口味卻並未加分，屬於形式多於實質的噱頭。可最初海南移民來到新馬時，飯糰卻是很實用的售賣方式。當時的海南小販都是肩挑兩頭，一頭是

❶ 新加坡海南雞飯老字號「逸群雞飯」。

❷ 油而不膩的天天雞飯。

雞肉，一頭是飯糰，沿街叫賣的，將油飯做成飯糰既搶眼也方便售賣。麻六甲地區至今仍有一個流傳很廣的說法：當年南洋的苦力常常忙到沒時間坐下來慢慢吃飯，把雞飯弄成飯糰，這樣吃起來容易，帶著也方便。這個說法再次證實了當年海南雞飯糰的促銷用意。

若定要追溯起雞飯糰的來歷，其實既非噱頭也不為方便，而是海南人逢年過節，祭祖酬神必備的祭品。美其名曰「飯珍」，旨在告訴老祖宗，晚輩回來祭祖了，一家人也終於團聚了，有美滿團圓之意。

現如今要吃真正美味的雞飯糰，應該到馬來西亞的麻六甲走一趟。那一個個看上去像是台灣的貢丸，口感也好極了。

「海南雞飯」與「文昌雞」雖同出一脈，卻

2

❸ 天天海南雞飯攤位。

在新馬，特別是新加坡被發揚光大了。新加坡的海南雞飯，老饕們如數家珍。最有名的無非是文華酒店（Mandarin Orchard Hotel）的 Chatterbox。不過很慚愧，我至今沒有去過，自然也不便評論。其他便是文東記（Boon Tong Kee），還有開在小販中心的天天海南雞飯，和蔡瀾先生大力推薦的逸群。

逸群是有六十年歷史的老字號。店面六十年如一日，歷經歲月的洗禮，仍保有古早味不變，走進店內更有時光倒流的感受。老闆努力維持早年的傳統，堅持做最正宗的海南雞飯，滾水煮雞，未涼就抹鹽油入味，雞皮錚亮，秀色可餐。不過可惜的是，服務品質令人不敢恭維，似乎是缺乏了現代的服務精神，也丟失了傳統的待客之道。雖然雞飯還是好吃的，卻難現舊日輝煌。反而是文東記的海南雞飯更加美味，店員也非常親切，所以有朋友來新加坡做客，我總是帶他們去馬里士他路的文東記宵夜，口碑頗好。

不過要品嘗時下最具新加坡味的海南雞飯，定要去小販中心的天天海南雞飯，絕對物超所值，環境風格都更能彰顯目前新加坡的小吃精神。

位於牛車水附近的 **Maxwell** 小販中心的天天海南雞飯，從一九八五年開業以來，幾乎每日都是不到中午就開始排長龍。如果你是來享受晚餐的，估計只能看到雞骨頭，因為通常才下午五點多雞飯就已售罄。

這個攤位的員工們動作麻利，嫻熟到機械化，客人還可以根據不同喜好提出要求，比如去皮，要油飯，還是雞胸肉等，他們會一一滿足，很貼心也很少出錯。這裡的雞肉嫩滑、香、有嚼勁，米飯油而不膩。的確是做出了海南雞飯的境界，價格當然也比普通攤位的雞飯來得貴，但還算是平民化。

難怪連安東尼・波登（Anthony Bourdain），二〇〇八年來新加坡的時候也慕名去天天品嘗雞飯。這位世界級的大廚直言：「海南雞飯香氣十足，單吃都可以。」從此天天也算享譽海外了。這篇報導現在還作為廣告，掛在天天的檔口呢。

07

一碗叻沙的思鄉情

與身在異鄉的新加坡人談及對家鄉菜的思念。他們多半會提到：叻沙。叻沙分為兩種，一種是咖喱叻沙又叫椰漿叻沙，還有一種是亞參叻沙。

名聲大噪的馬來西亞檳城亞參叻沙（Assam Laksa）其實是用魚湯（通常是青魚）加上assam（酸豆的馬來語）做湯底，再添加黃瓜、紅辣椒、鳳梨、生菜、叻沙薄荷等調味，所以它是酸而鮮美的。亞參叻沙通常配以米線或米粉，並鋪上「petis udang」加蝦味甜醬，非常美味。但這並不是新加坡人熱愛的新式叻沙。

與看起來清湯的亞參叻沙很不同，新加坡的叻沙是濃豔到化不開的叻沙，用層次豐富的椰漿湯汁為底料，據說是新加坡才有的獨特做法。而這種叻沙的經典代表就是位於加東（Katong）的椰漿叻沙，配食的米粉被切為碎塊浸在湯汁中，用湯匙舀著吃，

❶ 馬來西亞檳城的「亞參叻沙」。

每一口都和著濃濃的湯汁，很爽快很過癮，滋味少有地獨特鮮明。

在新加坡，叻沙不但風味獨特，還包含了新馬獨有的娘惹文化精華。叻沙突顯出娘惹菜最主要的特點就是：多重醬汁的完美混合。

加東叻沙作為其中翹楚，早已揚名海外，在香港、台灣、廣州和上海都可以找到加東叻沙的招牌，是不是正宗的分店無從得知，但足見叻沙已經跨越國界將娘惹風味吹向了大中華地區。相比加東叻沙的大紅大紫，結霜橋叻沙（Sungei Road Laksa）更像溫吞慈祥的老者，有的只是雲淡風輕的淡泊。

結霜橋叻沙，這樣優雅的稱謂取自舊時的地名。我在新加坡住了幾年，還是第一次聽說結霜橋，後來請教了當地人，才知道是之前梧槽河畔

的雙溪路（Sungei Road）。那時候的Sungei Road之所以叫「結霜橋」，是因河畔有一間頗具規模的製冰廠，這才得名。如今，這家工廠早已不復存在，城市改造到面目全非，現在很多人只知道Sungei Road，卻不知此處就是結霜橋。

因為這樣獨特的背景，外加地道傳統的叻沙製作，讓結霜橋叻沙被奉為新加坡的懷舊經典。食客在享用美味的同時，也能目睹製作傳統叻沙的情景：只見熱湯一遍遍澆在剪斷的粗米粉上，在碗裡放進豆芽、蝦，魚餅……還有血蚶，滾湯入碗，再點綴叻沙葉碎，配和蝦米辣椒醬，老湯鮮菜和娘惹辣椒觸動的味覺感受讓人精神一振，無論你愛與不愛，都終身難忘了。

離開了新加坡，要親手烹飪一碗如此正宗的叻沙是不太可能的，除卻食物本身，還有情境氛圍的差別，味道必然相去甚遠。很多遊子無奈之下只有買煮好的湯包帶走，在異國他鄉享受一份打折的美味，聊以自慰了。

❷ 名聲大振的加東叻沙。
❸ 搭配叻沙的烏冬。

2

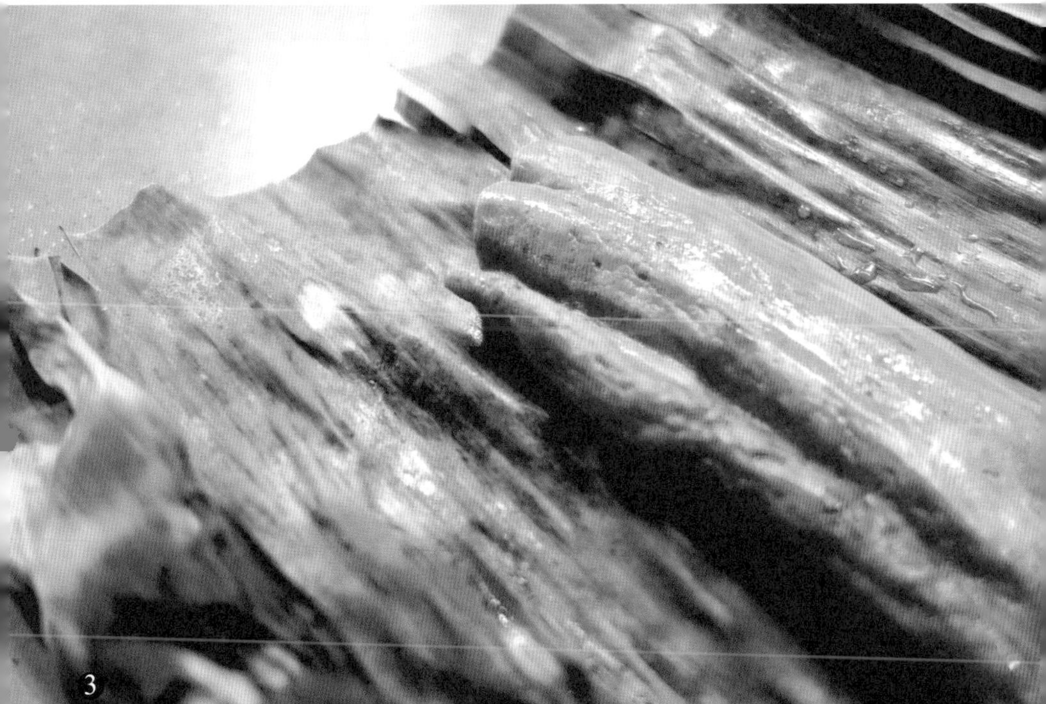

3

❶ 外皮香脆，內餡爽口的娘惹五香。

08

從「馬來西亞旗袍」到娘惹大餐

新加坡航空公司被認為是世界上最好的航空公司之一，當然服務上乘，新航空姐的穿著一直為人津津樂道。要穿進這套行頭，身材定是凹凸有致，多數人的肚腩估計會撐開腰部的線頭。

曾經有位來新加坡演講的中國學者，讚美新航服務的同時稱新航空姐的制服為「馬來西亞旗袍」，鬧了個笑話，而中國社會對娘惹文化的不瞭解也可見一斑。

這套馬來西亞旗袍實為「baju kebaya」，華語是娘惹裝，空姐腳上的嵌珠拖鞋是「Kasut Manek」娘惹鞋，是新馬地區的土生華人（多指馬來人和華人的混血）的女性傳統裝束，如果從混血文化的角度來看，「馬來西亞旗袍」的驚人語卻帶出了兩種文化的結合之意，但從歷史角度看，這娘惹服飾應該在中國明朝同期就慢慢產生

了，遠比旗袍歷史悠久。

峇峇和娘惹（即土生華人的男生和女生）指的就是十五世紀初就定居在滿剌伽（麻六甲）或者滿者伯夷國和室利佛逝國（印尼和新加坡）一帶的明朝後裔，他們大多是與當地人通婚的混血，並被稱為「**Peranakan**」（馬來語「土生的人」），慢慢演變發展形成了特有的峇峇娘惹文化，其中除了漂亮的「馬來西亞旗袍」，最不可或缺的就是娘惹菜。

土生華人繼承了華人善於經商的頭腦，家境殷實。舊時很多娘惹都出身大戶人家，是大門不出，二門不邁的大家閨秀。在家除了做些女紅，就是學習和研究菜色，為將來出嫁做準備。到了婆家更是要靠烹飪實力贏得夫家的歡心。久而久之，勤勉聰慧的娘惹，巧妙地結合了華人烹飪方

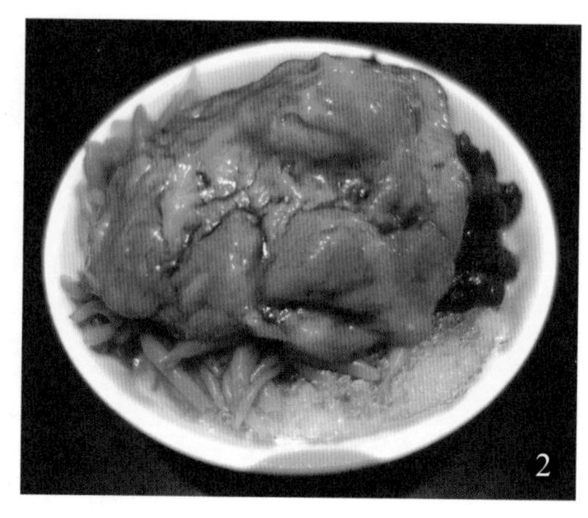

❷ 挑戰味蕾的榴槤娘惹甜品。

❸ 娘惹咖喱牛肉，是一道經典的娘惹菜色。

❹ 酥脆的娘惹卷。

式和馬來原料，內斂奔放的交錯沉澱，再點綴印度族及葡萄牙人的飲食特點，最終自成一格形成了風格鮮明的娘惹菜，風靡南洋至今。雖然受到傳統中華文化的影響，但請別稱呼它「馬來西亞中國菜」，也不要簡單地劃歸為新加坡菜或麻六甲菜，它是東南亞美食滋味與娘惹文化交融的精華。

娘惹菜最重要元素其實是各色香料，也唯有如此，娘惹菜才能呈現多重的回味。例如：香茅、薑花、辣椒、薄荷葉、亞參膏、峇拉煎、肉桂、蘭花、班蘭葉……鳳梨、椰漿、椰糖、檸檬、草香蘭葉，咖喱葉、薑粉、芫荽粉、紅蔥頭、八角、肉桂、炸蔥、蒜頭、紅辣椒、石古仔、酸柑、蝦米乾、黑果等多種風味佐料不勝枚舉。

娘惹菜使用的任意一種醬料，都由最少十種

3

4

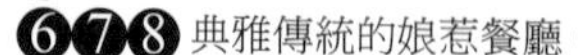
酸甜的開胃小菜。
典雅傳統的娘惹餐廳。

以上的香料調配而成。據說，早期娘惹下廚前，單單是準備一道菜的香料，臼樁研磨就要費半天功夫，今天看來繁瑣和不可思議的事，卻是當年娘惹們消磨時光的好方法。這份靠光陰打造出來的美味，自然有其他菜餚不可比擬的優勢。

此外，傳統娘惹大餐的用餐環境也極為講究。餐具是充滿娘惹風情的餐碗漆器。選材自然質樸，手工精美，看著都讓人心動。如果四周再有金色的壁紙、絲綢質感的布料，隆重的燭臺、原木的餐邊櫃、純手工編織的桌墊和藤飾……恍若置身傳統娘惹家庭，享用一份加了峇拉煎的亞三香辣魚，又來一杯甜美的鳳梨焦糖燉蛋，讓舌頭在香辣後好好放鬆……。美味如此，夫復何求。

7

6

8

❶傳統美味的五香。
❷售賣傳統五香灌腸的攤點。

09

有五香，也有灌腸

現在的福建廈門，五香作為傳統小吃，仍是街市一絕，大街小巷都能找到五香專賣店，有些還冠以石碼鎮正宗五香的名頭。五香是見得多了，可很多年輕人卻不知道傳統的五香原來是配有灌腸的。

灌腸沒有五香這麼廣受歡迎，製作又相當麻煩，日子久了，五香灌腸就成為今天單賣五香，少有幾家還秉持傳統賣五香灌腸了，會親手製做灌腸的師傅，也多是老一輩的長者。近年來，油炸食品與人們的養生觀念相悖，只有到中元普度和傳統節慶時才是五香銷售的旺季，平日的銷量已經大不如以往。有人甚至開始擔憂這份傳統美食的傳承。可是當福建人來到東南亞這個漂亮的島國，卻意外地發現，這裡處處售賣的，不僅有五香，也有灌腸。

二十世紀三〇年代的新加坡，不少福建移民湧入，一些是從印尼輾轉落戶當地，同時帶也來了福建老家的美味五香灌腸，儘管顛沛流離，他們始終秉持家鄉的傳統配方和手藝，「一盤四色」不斷演變到今日的大拼盤，儘管多了選擇，五香和灌腸卻是永遠的主角。

當初落戶新加坡的五香檔口，賣的只是四色五香，通常只有五香、豆乾、蛋片、灌腸、豬肝卷、豬皮可選，除了蛋片，都是傳統的閩南滷味。起初大受歡迎，可日子久了，檔口多了，難免有顧客嫌單調乏味。後來潮州人率先把可選的小食增至二十多種，滋味也從古早的閩南味慢慢浸入了南洋色彩。

現今，新加坡多數賣五香的攤位前擺滿了食材，只當看客就已經眼花撩亂。除了傳統四色，

❸類繁多的五香攤點，紅色醒目的灌湯是不可或缺的配角。

還有魚餅、魚圓、蝦餅、皮蛋、芋頭卷、墨魚塊、馬蹄糕等招牌食材，有些油炸小食還添加了濃濃的咖喱味。按各人喜好挑選後，包在一層油紙裡，配上剛出鍋的炒米粉，熱騰騰香味四溢，讓人食指大動。可見大拼盤的確博得了不少食客的歡心，以致一些當地人誤以為五香灌腸是源自潮汕的美食。

不過，面對如此激烈的競爭，一些老檔口卻不以為然，仍延續「一盤四色」的賣點，固執地遵循舊法親手製作五香，旨在給每位顧客最原始卻精細的感受，幾十年來口碑極佳，坐擁大批忠實的客戶，如同檔口忠於古早原味一般，從未離開。

也許美味從來都不是多情的，對一份滋味的執著，足夠了。

10

「菜頭粿」和「蠔烙」

新加坡潮州人的小吃，有兩樣是我的最愛，「菜頭粿」和「蠔烙」。原本都是中國潮汕一帶的傳統小食，早年隨潮汕移民過番南洋後便在新馬落地生根。

新加坡的菜頭粿，也稱為蘿蔔糕（Carrot Cake），蠔烙又名蠔煎，做法與廣式蘿蔔糕和潮州蠔烙各有不同，反而是當地的「菜頭粿」與「蠔烙」製作手法有很多類似之處，都結合了炒粿條的方式和調味。特別是「菜頭粿」放了雞蛋、碎蘿蔔乾加本土黑甜醬或魚露等煎炒後更香更入味，的確做出了特有的南洋風。CNN亞洲網路平臺CNN Go調查公布的「亞洲十大最佳小吃」，菜頭粿就榜上有名。

菜頭粿這種民間小食，在中國潮汕也是年糕的一種。最早只是在過年期間蒸製，後來慢慢發展成為今天街頭巷尾都看得到的美食。最常見的菜頭粿的形式是四四方方一大塊，依然是糕點的樣子，但過番南洋後的菜頭粿更類似潮汕的炒糕粿，但炒糕粿是一盤大菜，可以加菜加肉，或沾白糖吃，顯得過於豪華。所以南洋的炒菜頭粿算是源自潮汕卻自我創新還另立了門派，成為獨一無二的南洋菜頭粿了。

常言道：「食在廣州，味在潮汕」，潮汕人愛吃會吃，在中國如此，新加坡也是如此。一份小小的菜頭粿在潮汕移民經營下，發展出了黑白兩派，主角雖然都是菜頭粿，可是調味卻大不相同。黑派的炒蘿蔔糕在當地最受歡迎。用黑色的甜醬油炒，撒上辣椒，口味比較重較油膩，卻很美味。白派的蘿蔔糕沒有用醬油炒，主要用魚露入味，入口清爽，不夠誘人，卻清香持久，更能彰顯出蘿蔔糕的原味來。

與菜頭粿不同，新加坡蠔烙與潮州本土蠔烙

❶ 菜頭粿又名蘿卜糕，是源自潮汕的經典小吃。

的做法非常相似。據傳是因為早期賣蠔烙的檔口，諄諄叮囑後輩不可因顧客喜好隨意改變配方，這才維持了蠔烙的傳統滋味。不過，新加坡蠔烙口感稍脆，少了傳統潮州蠔烙內裡綿軟的感覺。蠔烙裡面的鮮蠔就是我們常說的牡蠣，在潮州用的是被稱為海底鮮奶的珠蠔，個小圓潤飽滿，是做蠔烙的好食材，而新加坡的蠔不再那麼小而飽滿，不過口味不差，依舊很好吃。

記得三年前我去台灣，還特地在夜市點了一份台灣的蚵仔煎，居然和蠔烙如出一轍。蚵仔煎是福建的傳統食品，無論在福建，還是台灣都是家喻戶曉的美食，不過在新加坡，它搖身一變為福建蠔烙，和潮州蠔烙只是調味上的略有不同。

其實在我看來，無論是福建和台灣的蚵仔煎，還是潮汕或是新加坡蠔烙，基本就是同樣的小吃。

可是，當我在不同環境裡享受到同樣的滋味時，內心突然很感慨。很希望華人的文化和傳統，時時處處，如這樣枝繁葉茂下去。

11

人人都愛咖喱魚頭

姊姊在新加坡生活了十年，後來移居香港。她很喜歡香港的美食，可每次通電話卻又說恨不得馬上飛回新加坡，理由居然是太想吃新加坡的咖喱魚頭了，其他的魚頭都不夠味。

記得蔡瀾先生提到咖喱魚頭時曾說：「吃這道菜用刀叉或筷子便沒有味道，一定要運用手指。先將魚的雙頰那兩小塊最柔嫩的肉吃了，再慢慢折碎，吸頭中的軟骨。」蔡瀾果真是很懂吃，很懂生活的大師。吃魚先吃雙頰必定是家境殷實的主，再去吸頭中的軟骨，更是吃出了境界。

當然，好好地吃固然重要，吃好的，卻更重要。咖喱魚頭之所以值得這樣去吃，因為它色香味俱全，是真正的南洋美味。

我剛到新加坡讀書的時候，姊姊和姊夫週末晚上帶我去宵夜，在微醺的夏風中，小販中心人

❶香濃的咖喱魚頭，有羊角豆翠綠的點綴。

頭攢動，煮炒攤位更是忙得不可開交。訂餐的阿嬸一看到我們就笑容可掬地打招呼，「兩公婆又來吃咖喱魚頭。」可見他們多愛吃這道菜。

不多一會，好料登場。阿嬸端來一口很大的砂鍋，還沒上桌早已香味四溢。一看鍋內紅黃濃厚的咖喱汁裡，只露出一角魚頭和若隱若現的幾點翠綠的羊角豆，很搶眼的色彩衝擊，再用大勺翻找，裡面居然還有滿滿的馬鈴薯、茄子、菜豆、紅番茄和腐皮，而魚頭外露的只是冰山一角，撥開咖喱汁才驚覺它原來巨大巨美，肥厚的肉質浸在加了椰汁的咖喱中，只看一眼就知道絕對美味。

如今，咖喱魚頭在新加坡可算是遍地開花，只要有煮炒攤位，就少不了它，相當受歡迎。可誰曾想最早做咖喱魚頭的卻是定居在新加坡的南印度族裔。因為新加坡的多數人口是偏愛吃魚的

華人，為了將印度餐賣給更多華人，當地印族便嘗試將別人棄用的紅鯛魚頭和咖喱汁同煮，加羅望子調味，沒想到這一試卻造就了南洋最有滋味的咖喱魚頭，並迅速流傳開來。

後來華人對印度式的咖喱魚頭進行了改良，咖喱汁不再那麼辛辣，又加入椰漿調味，除了搭配小麵包，還根據華人的飲食習慣搭配米飯……最終咖喱魚頭兼顧了馬來人的香料、印度族的咖喱和華人喜愛的魚肉米飯，濃濃地融為一體，成為不折不扣的新加坡佳餚，也成功贏得了當地所有族裔的歡心。

❶魚頭爐味美分量足。

12

家家都賣松魚頭

新加坡的中國城叫「牛車水」，據說是當年以牛車拉水而得名。現在的牛車水更像是一個添加了中國元素的人造集市，餐館和小販中心最多，這裡有一處熟食中心，裡面有二十一家煮炒攤，家家都賣松魚頭，因此還上了報紙，成為新加坡最有名的品嘗松魚頭的去處。

以前我並不知道什麼是松魚頭，我從小在長江邊長大，吃的最多的就是淡水魚，很小的時候就自己吃完整條小鯽魚，並留下完整的魚骨，這麼點小小的成就也被大人誇到不行，彷彿看到了神童一般。不過神童長大了卻不知松魚就是花鰱，學名鱅，因為魚頭大得不成比例，占了體長的三分之一，我們又叫它胖頭魚，但潮汕人不這麼叫，他們稱鱅魚為松魚。所以松魚頭其實就是我們江南人從小吃到大的胖頭魚，也是中國著名四大家

魚青、草、鰱、鱅之一的鱅。

有一次，我在網上翻找菜譜，看到某美食網發布的紅燒松魚頭的做法，製作材料欄寫著：鰱魚頭一千克。看來作者也沒有細究，這鰱魚是鰱魚，鱅魚是鱅魚，儘管鱅又名花鰱，但到底是不同的，不如寫了胖魚頭大家更明瞭。

真正的鰱魚形態和鱅魚相似，但通體呈銀灰色，無斑紋，鱅魚卻華麗斑斕得多。最大的區別是鰱魚愛跳躍，鱅魚不會，呆頭呆腦、溫馴遲緩，水裡的輪蟲、水蚤，矽藻和藍藻類，魚蟲小蝦，它都照吞。說得好聽是「水中清道夫」，其實是雜物箱兼垃圾桶。可能正因為它不愛動，不挑食，才能長出這樣美味細膩的大頭吧。這樣的魚頭是做火鍋的首選，無論是麻辣還是清湯都很有風味，特別是冬天，煮上一大鍋的魚頭豆腐，熱騰騰的營養又暖身，再燙上些大包菜，甜甜的菜邦浸在鮮美的魚湯裡，清脆多汁，非常美味。

不過在新加坡，鱅魚頭的做法變得不同了，除了類似魚頭豆腐鍋的魚頭爐，還有看上去類似剁椒魚頭的紅燒魚頭。

在當地，潮州魚頭爐隨處可見，不過沒有一家比得過黃埔慶的魚頭爐。這都得益於老闆阿慶對魚頭爐十幾年的專研，最終練就了獨特的烹飪竅門，用十多種食材加藥材熬出的芬芳，完美地融入湯底。同時，上桌的爐火，堅持不用酒精，只是使用傳統火炭爐，不僅保溫，也帶有炭火獨特的氣息，保持魚頭爐的地道風味。當然魚頭肉是重中之重，入鍋必是生魚，不能是冷凍魚，冷凍的魚肉水分會流失，下了火鍋便不再有嚼勁和彈性，哪裡還有鮮美的口味。

❷ 蒸松魚頭口味越來越趨向清淡。

不過，即便如此用心，傳統魚頭爐還是受到了挑戰。因為松魚是河魚，新一代的新加坡人吃慣了海魚，不能接受淡水魚的泥腥味，所以現在清蒸石斑大行其道，有些賣魚頭爐的商家只好換海魚做原料，迎合了顧客的需求。不過在我看來，多少有點可惜這份好味道。

相對於輝煌不再的傳統魚頭爐，醬蒸松魚頭卻是越來越受歡迎。前面提到的二十一家煮炒攤，家家都賣松魚頭的新聞，就可以想見當地人對醬蒸松魚頭的喜愛。因為吃的人多了，賣醬蒸松魚頭的小販也多了起來。激烈的競爭讓大家不得不變出更多的花樣來。如今到這些煮炒攤，你還可以吃到蒜蒸松魚頭和豉汁蒸松魚頭等。唯有這裡第一家售賣松魚頭的「成記」老闆，仍舊固守他獨一無二的醬蒸方法來烹煮，慕名而來的話倒是一定要品嘗。

這些年來，可能人們受了健康飲食觀的影響，熟食中心較為清淡的蒸松魚頭漸漸受到很多追捧，大有上揚的商機。其實，我真的不明白，既然追求飲食清淡，何不吃回魚頭爐？真擔心這溫香軟玉的魚頭爐給白瞎了。

13

「鄰里」土司工坊

初到新加坡時，我在油池住了很久。「油池」這個地名有點奇怪，據說真是因為曾有個裝油的池子在此而得名。

新加坡雖然小，油池卻遠到連很多當地人都不知道它是哪。當然很多人也不知道，這裡的環境整潔宜居，比起熙熙攘攘的中心區，更是安逸舒適。只是從油池去市區的確不太方便，若是在附近工作，又不愛逛街，那就是再好不過的住處。

油池的地鐵站附近有一個不大的商場和幾處環境優雅的食閣，應付平日生活所需已是足夠。值得一提的是，這裡有家很溫馨的「鄰里」土司工坊。

土司工坊在新加坡開了好多間，足跡遍布新馬泰，深入大中華。土司工坊最亮眼之處在它的設計概念，即使是一個小小的門面也能裝飾出復

❶❷❸土司工坊總是溫馨懷舊。

古情調，看上去溫馨舒適，讓人忍不住駐足。

油池的這間土司工坊氛圍更為別致，就面積而言，它在新加坡算是大得有點奢侈，也是位於郊區的好處吧。這裡的員工和悅可親，會和熟客閒聊幾句，不似中心區機械般的忙碌和冰冷；附近的居民常散散步就走了進去，有時會碰到鄰座居然是隔壁家的，女人們會閒話家常，笑聲也爽朗了起來。這讓我想到了老舍筆下的「茶館」，充滿了生活氣息和一種莫名的親切，所以我私下便為它命名「鄰里」土司工坊。

「鄰里」土司工坊，一樣有南洋老情調，古早的收音機、木質桌椅、發黃的月曆、有撥盤的黑色電話機，每樣擺設都那麼可愛優雅，提供了全方位的懷舊體驗。當然傳統的擺設一定搭配傳統的南洋風味，土司工坊不但有美味土司為主打，

2

3

更有各種可口的本地飲品，和幾種有代表性的美食，像咖喱雞米粉、米暹和我最喜歡的椰漿飯……一應俱全。

對於不願早起的我來說，很少有緣享用受熱捧的傳統土司早餐，我的最愛是有肉鬆的土司塊和一杯冰美祿。冰美祿剛推出的時候有個很好聽的名字叫做美祿恐龍，味道很不錯，涼徹心扉的冰美祿鋪上鬆軟美味的可可粉，爽口濃郁。這裡的肉鬆土司也不像香港土司工坊的土司，油得金黃剔透，賣相比較「健康」，或許與新加坡人注重清淡的口味有關。

其實土司工坊的價格公道，拿來作下午茶是最合適不過。那時我還是囊中羞澀的學生，卻有大把閒暇時光。每到週末，或者寫不出論文的頭痛時刻，我就來這裡享用物美價廉的下午茶，成了趕不走的低消費耗時顧客。記憶中那些日子裡的陽光總是溫和，我點的土司是暖暖的，咖啡烏濃香撩人，我會儘量把身體往後靠，以最舒服的姿勢窩在沙發裡，同時打開一本閒書⋯⋯。

如今我已經搬離那裡很久，有了工作，也開始繁忙，再沒有那樣奢侈的下午茶時光。「鄰里」土司工坊的記憶也分外珍貴起來。偶爾回味，便對此般慢活的日子肅然起敬。

14

奇妙的苦味

❶苦瓜的清澀之美。

小時候我很怕吃苦瓜，覺得怎麼會有人拿這種東西入菜，真是「自討苦吃」的怪事。現在的我超愛吃苦瓜，特別是南洋口味的苦瓜魚片湯，不知該怎麼選擇，我就點上這道菜，絕對不會失望。訂餐時還不忘跟小販強調：「多放點苦瓜」。那滿酌魚湯的苦瓜片，入口後一絲苦澀，總能讓我精神振奮。

吃苦就這麼好嗎？其實，苦味的確是自然界最奇妙的滋味。

苦，據說是酸甜苦辣中最慢被人感知的味道，但人類又對苦味最敏感，一旦感知便會激烈反彈。所以苦口良藥成了小朋友的夢魘。常看到一些父母，教孩子把藥片放舌根，再喝水吞服。因為他們認為舌尖對苦味太敏感，舌根則不然。更有甚者，還要同時捏緊鼻子。於是小朋友吃藥的樣子

❶

小時候我很怕吃苦瓜，覺得怎麼會有人拿這種東西入菜，真是「自討苦吃」的怪事。現在的我超愛吃苦瓜，特別是南洋口味的苦瓜魚片湯，不知該怎麼選擇，我就點上這道菜，絕對不會失望。訂餐時還不忘跟小販強調：「多放點苦瓜」。那滿酌魚湯的苦瓜片，入口後一絲苦澀，總能讓我精神振奮。

吃苦就這麼好嗎？其實，苦味的確是自然界最奇妙的滋味。

苦，據說是酸甜苦辣中最慢被人感知的味道，但人類又對苦味最敏感，一旦感知便會激烈反彈。所以苦口良藥成了小朋友的夢魘。常看到一些父母，教孩子把藥片放舌根，再喝水吞服。因為他們認為舌尖對苦味太敏感，舌根則不然。更有甚者，還要同時捏緊鼻子。於是小朋友吃藥的樣子變得很怪異，最後一杯水下去，往往連藥帶水嘔了出來，又是鼻涕眼淚的，搞到很狼狽。我小時候就被這樣「惡整」過。然而，令人意想不到的是，最能感知苦味的不是舌尖，恰恰是舌根。

說到舌頭對滋味的感知，倒是很可愛。舌頭的不同部位猶如五臟六腑一樣分工明確。對酸甜苦辣也是各司其職。如對甜味最敏感的是舌尖，舌邊最喜歡酸味，舌尖和舌邊能夠更好地體會鹹味，舌根則是吃苦高手。如果在用餐時利用這些知識去感受不同的味道，應該會啖出另一番風景吧。

日常生活中，我們最熟悉的苦味，應該是一盅茶或一杯咖啡的苦，越品越甜的轉變是苦盡甘來的貼切寫照。吃苦味食品，也多是健康的選擇，中醫稱其有泄、燥、堅的功效，還可以促進食欲，

❷新加坡最常見的快餐——苦瓜魚片湯。

刺激味蕾，增進胃液膽汁的分泌，看似有百利無一害。而事實上，苦味卻兼具了極端的兩面性。

和大多數人一樣，我從未細究過味道的產生，似乎萬般滋味都是理所當然。其實進化論無處不在。就如甜味的形成是為了釋放好的資訊，因此甜美的食物多數能補充能量，苦澀的滋味最初卻是提醒人慎食！自然界中最苦的東西，往往是最毒的。苦味激烈刺激，成了人體的第一道關卡，最好是一嘗到便嘔了出來，才不會糊裡糊塗斷送小命。我想這或許才是苦澀真正的美好之處，正如人生之苦的善意警示，一樣閃爍著普度世人的光輝。

現代社會裡，人們把食物烹飪得越來越美味，苦味食材也通過添加調味讓更多人接受，特別是香草調料盛行後，我們離苦是越來越遠了。甚至

2

一些缺乏苦味的地方，人們對苦的感知正在急速退化。終有一天體味苦的機能會像盲腸一樣多餘吧。那會是件好事嗎？我不敢說一定不好，但我是個甜味般慵懶的人，常常會覺得苦是一種生機勃勃的味道，沒有它，我怕我會一直懶下去，不知人生真味了。

❶色彩繽紛的刺身拼盤。

15

初識「奈良」

李敖說他討厭日本人，卻愛日本料理和日本女人。而我，只愛日本料理。在新加坡，日本料理很受歡迎，加上很多日本公司在當地投資設廠，日本餐廳的生意也愈發紅火，久而久之，很多餐廳的日本料理稱得上地道。前不久，朋友介紹一家名為「奈良」的日本餐館，位於 **Bukit Timah** 的 **Chun Tin Road**，通常這一帶的小餐廳都很有特色，名字又是取自日本美麗的古城，更讓我對它多了幾分期待。

這是間不大的餐館，內部竹葉環繞的裝飾多了一份如沐春風的新意，襯托清雅的前菜更顯可愛，淡紫的瓷碗裡是女生最愛的蘆薈，晶瑩剔透泡入淡黃的自製湯汁，入口後居然是酸甜的，有淡淡地醋香，再配合爽口的玉子燒，一下就拉升了味蕾的興奮度，口腔立即泛起垂涎欲滴的感覺。

1

❷美味的大蒜炒飯，清香宜人。

緊接著是蠶豆蘆筍和茄絲組成的全素鐵板燒，完全顛覆傳統日本料理的海鮮印象，一份清新的素鐵板燒，一樣詮釋了日本美食的氛圍，大廚可謂匠心獨具。

只是兩道前菜，便讓我大開眼界，和朋友說很想拜訪大廚。「因為吃了一個好吃的雞蛋，而要瞭解生蛋的母雞？」錢鍾書先生若在世定要說出他的名言了。

大廚 Wilson Wong 果然儀表不凡，有一雙很明亮的眼睛。原來，他從十多歲就開始學做日本餐，最終他意識到自己追求的不該是跟隨日本傳統的亦步亦趨，而是有創新的日本餐，讓客人品嘗玩味。這天他是特地趕來 Chun Tin Road 新開的分店，又逢禮拜五食材最新鮮的一天，可謂是天時地利人和，他一再叮囑：「一定要嘗試我們的刺身，甜品也會有驚喜。」看來我是有口福了。

船形的刺身裝盤，冰花裊裊升起，幾朵菊花淡然點綴，典型的日式風格。Botan Ebi〔註3〕牡丹蝦是清甜的，所以又名甜蝦，新鮮到連剝下的蝦頭都放著光彩；白色的kampachi〔註4〕被稱為間八，背部黑色的條紋明朗清晰；Aji是竹莢魚……居然還有Salmon Belly，看上去簡直是滋滋冒油，belly其實是鮭魚肚子上條狀的一塊，油脂特別多，吃起來有完全不同與其他部位的口感，雖然比不上鮭魚fillet貴重，卻最合我口味。這裡的belly細膩柔軟，厚實飽滿，黏滑中帶著彈性，新鮮度和口感都是一級棒。

最經典是Tai Uni Maki〔註5〕鯛魚包裹海膽，我告訴Wilson，這個才是我的最愛。日本餐裡的海膽通常是採用魚卵的部分，用它包裹魚肉當刺身

〔註3〕牡丹蝦的日語名稱。
〔註4〕神鰤的英文名。
〔註5〕日文，意為鯛魚海膽。

❸ 氣度不凡的奈良大廚。
❹ 光彩逼人的牡丹蝦頭，已爆香上桌了。
❺ 用鯛魚包裹的海膽。

或是醋飯做壽司，可是 Wilson 卻反其道，用鯛魚包裹著海膽，半透明的薄薄一層鯛魚，透視海膽驚豔的明黃，裹成小小一顆，入口即化，是秀色可餐的極品，也包裹了大廚的細膩心思。

除了刺身，Houbou tempura〔註6〕綠鰭魚天婦羅可圈可點。本身極具造型感的綠鰭魚，骨和鰭被完整呈現，油炸定型後有點魚躍龍門的格調，剁下鰭入口，酥軟香脆，細品起來有點小米鍋巴的味道。而剛剛那光彩逼人的牡丹蝦頭，也已爆香上桌了，讓招搖的綠鰭魚難以獨美。我本來不愛吃油炸食物，當下卻停不了口，明知膽固醇攝入嚴重超標，偏偏又遭遇讓人糾結難棄的甜品，只好豁出去了。

像布丁又像蛋撻，Fresh custard〔註7〕是法國人的蛋羹，鋪上烘焦的奶油和咖啡，有一種焦糖的

〔註6〕綠鰭魚天婦羅。
〔註7〕中文叫卡士達，或者是起士。源自英國的甜點，常被用於法式甜品裡。法國人稱其為英式蛋汁。

❻清爽的蔬菜鐵板別具特色。

甜蜜，這就是Wilson親自調配的Caffee Crème brulee〔註8〕。配合蛋羹的清香，溫度和色澤都恰如其分。清新的法國甜品平和了天婦羅的油膩，再喝一口朋友推薦的日本柚子酒，酸甜中和，久久回味……嗯……這一頓……

初識「奈良」的美好，猶如Salmon Belly〔註9〕的油脂在口中擠出的一剎那，滿足的不只是美食本身。一絲不苟的精緻，和力求新穎的別致才是小餐館的大精神。

〔註8〕Crème brulee是法國經典甜品，又稱法式脆糖布丁，它是蒸的蛋羹布丁，特別之處在於布丁表面上噴上的一把「火」，通常是用噴槍讓表面的金砂糖在瞬間焦化。
〔註9〕三文魚肚腩肉。

16

秀色可餐的代價

前幾日重讀《紅樓夢》，一句「縱使舉案齊眉，到底意難平」[註10]，細想來卻是道破男人本質，舉案齊眉終究敵不過秀色可餐。

這不是社會的錯，也不是男人的過，原本舉案齊眉也未必如我們理解的那般美好。孟光雖是女人卻力大無比，這才夠力把整個餐盤高舉到眉毛，更重要的是其人醜陋粗鄙，再好的美食對著她的臉，恐怕梁鴻也是要嘔了出來。以此讚美夫妻相互尊敬，美滿婚姻多少缺乏說服力，騙騙世人罷了。

說到底，不止男人是視覺的動物，美麗的事物人人嚮往。視覺導向在五官中占有絕對的統治地位。就如我們很難想像加了紅色素的居然是白葡萄酒，即使品嘗出滋味也不敢發言。可見在視覺主導的感受中，味覺、嗅覺的功能便會自然「萎

〔註10〕語出《紅樓夢》第五回，言寶玉寶釵成婚後，雖則寶釵克盡淑婦之職，唯是寶玉最愛者，是黛玉而非寶釵，故而心有鬱鬱難平之慨。至於舉案齊眉，則是出自《後漢書》，寫的是漢代名臣梁鴻與妻子孟光相敬如賓的故事。吃飯的時候，孟光總是把飯菜舉到眉毛那麼高，恭恭敬敬地請丈夫用餐。

縮」。反言之，如果我們善用視覺的主導性，秀色當然可餐。

對新加坡美食而言，秀色不足算是硬傷，尤其是小販中心看似廉價的彩色塑膠盤子，偶爾還伴著裂痕和缺口，如同用餐時不小心看到了孟光的臉，再好的滋味也打了折扣。

而將餐飲的視覺之美發揮到極致的，當屬日本料理。說日本料理是用眼睛吃的，一點也不為過。以和諧自然為美感基石的日本料理，不僅將簡約自然美在食材上充分發揮，講究形、色和原味；在盛器、擺盤、環境氛圍，乃至進餐的節奏和步驟，無一不與食材口味並重，武裝到細枝末節。日本料理的一道菜就猶如一幅畫，不是油畫，而是有著精細筆觸和精彩留白的工筆，既呈現出減法之美，又彰顯東方特有的禪意。

❶「美食不如美器」這句話最適合形容器皿在日本料理中的地位。

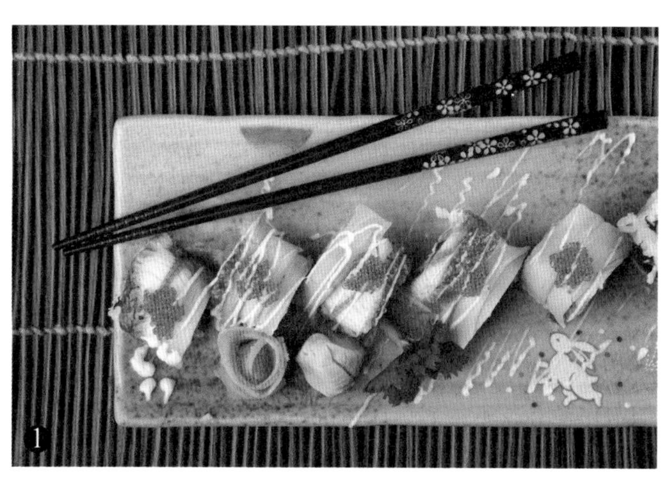

「美食不如美器」〔註11〕這句話最適合形容器皿在日本料理中的地位。器皿不再只是盛盤的功能，而是料理的重要組成。著名的懷石料理，就是此中翹楚。

早在日本古典茶會記《槐記》〔註12〕中，便可看出日本人對於料理和器皿搭配的癡迷。近衛家熙為懷石料理的器皿做的記錄，不只注明哪些器皿可用，還詳細寫出產地、染色、花紋形狀等細節，甚至如何在器皿上搭配小巧的裝飾，和器皿下方的鋪墊等安排等都一一交代。力求完美的精神，讓人歎為觀止。

秀色可餐的懷石料理由禪宗思想發展而成，不見鋒芒，渾然天成，簡約不空洞不乏味，有的只是寧靜致遠的平和，故又稱「淨心料理」，可以說是日本料理的至高境界，它的精緻簡約美也

〔註11〕清代著名文人、美食家袁枚在所著《隨園食單》食器須知中說：「古語云，『美食不如美器』，斯語是也。」對「美食不如美器」的提法，袁枚是讚賞與肯定的。
〔註12〕日本江戶時代的博學典禮家近衛家熙撰寫的茶會記《槐記》。

成就了日本料理的世界地位。

但隨著日本飲食的不斷精細化，如今已到了過猶不及的地步。

據說日本人在飲食上的浪費非常驚人，高居世界榜首。注重禮儀規範的日本人，鮮少浪費，那高額的食物浪費是怎麼產生的?罪魁禍首是過分追求高品質。

由於日本人對食材觀感的苛求，很多瓜果只因外形不夠漂亮就被淘汰。日本人也為食物設定較短的保質期以保證吃到的是最新鮮的食材，造成還可以食用的食品因保質期問題大量地被丟棄。就是這樣一種吹毛求疵的飲食習慣，讓這個不大的島國，給地球造成了巨大的負擔。據世界自然基金會（WWF）日本分部報告稱：「在日本大量食物被浪費，僅減少這些食物浪費就可在食品生產方面為地球減輕四分之一的負擔。」

可見，秀色可餐到底代價不菲，還是舉案齊眉比較實在，這也是務實的新加坡人的選擇。

❶孔子行教像。
❷南京夫子廟的孔子青銅雕像。

17

聖人言「飲食男女」

新加坡有一個廣播節目名為：「飲食男女」。在中國也有好幾檔同名的廣播節目。內容無非是談美食或兩性關係。

「飲食男女」出自《禮記》，孔子曰：「飲食男女，人之大欲存焉。」〔註13〕也因為聖人的這句話，什麼時候開始，飲食男女變得越來越無所忌憚了。原本的禮儀之邦欲望無限膨脹，直弄到飲食男女不僅美感盡失，甚至暴殄天物，流於惡俗，令人扼腕。

斷章取義的聖人言，是否真的符合聖人的本意呢？對於「飲食」，孔子曰：「飯蔬食，飲水，其肱而枕之，樂亦在其中矣。不義而富且貴，於我如浮雲。」他還讚賞學生顏回：「賢哉，回也！一簞食，一瓢飲，在陋巷，人不堪其憂，回也不改其樂。賢者，回也！」（《論語・顏淵》），

〔註13〕《禮記》記載孔子的話。其意思是說人有兩個最基本的欲望，一個是飲食，另一個是男女關係。

❶

❷

可見孔子並不追求酒池肉林的「高端」生活。反之，他要的是平凡簡樸的餐飲。

既然如此，聖人何以談「食不厭精，膾不厭細」〔註14〕？眾所周知，儒家的思想體系中對「禮」的要求甚高，並認為「禮」是達到「仁」的渠道。所以孔子的飲食觀念也是創建在這個理論基礎上，對烹飪不厭精細的標準，其實是對事事以禮為先的要求。他可能是中國歷史上最早提出飲食歸結了物質和精神兩個層面的人。如此，孔子也算是中國歷史上最早的美食家了。但聖人也表示：「克己復禮為仁。」可見「克己」是由禮至仁的核心。克己復禮表現的精細更多是精緻和精神，與惡俗的鋪張浪費相去甚遠。

至於「男女」，孔子雖認同為「大欲」，甚至曾以色喻德：「未見好德如好色」。但他厭惡

〔註14〕「食不厭精，膾不厭細。食饐而餲，魚餒而肉敗，不食。色惡，不食。臭惡，不食。失飪，不食。不時，不食。割不正，不食。不得其醬，不食。肉雖多，不使勝食氣。惟酒無量，不及亂。沽酒市脯不食。不撤薑。食不多食。祭於公，不宿肉。祭肉不出三日。出三日，不食之矣。食不語，寢不言。雖疏食菜羹，瓜祭，必齊如也。」出自《孔子・鄉黨》。孔子一方面是反對君子飽食終日無所用心，不要追求過分安逸飽暖的物質條件；另一方面「食不厭精，膾不厭細」是只要條件許可，為什麼不吃得更有營養一些，讓身體更好一點？為什麼不生活得精緻化一點、審美化一點、藝術化一點？

沉湎淫欲，才提出少時戒「色」、壯時戒「鬥」、老時戒「得」（《論語・季氏》）。司馬遷就曾經記述孔子辭官出走一事，起因是季桓子和魯公接受齊國饋贈美女，沉湎女色，荒廢朝政。可見孔子對好色是嗤之以鼻的。

儘管孔子有很多食色的高論，但「食色性也」卻並非出自孔子之口。常有人將「食色性也」與「飲食男女」相提並論，其實兩者意思大相徑庭。

「食色性也」出自告子之口，後被孟子引述，曰：「食色性也。仁，內也，非外也。義，外也，非內也。」告子要表達的是「性」非善非惡，人世間的善惡都是凡心，而非本性。所以這裡的「食色」與食和色無關，「食」在這裡作摒除解，「色」則泛指人間萬象，不拘泥於女色，類似色即是空的「色」字的含義。「食色」便是丟棄凡心，回歸本性。與吃喝縱欲真是風馬牛不相及了。
所以，別再拿「飲食男女」、「食色性也」說事了，換個藉口吧。

❶配鮑魚的七彩魚生。
❷新加坡過年必備菜——撈魚生。

18

風生水起撈魚生

不僅要入鄉隨俗，今年春節我還將「撈魚生」帶上天，飛過海，回到了長江邊的家。這天是大年三十，飛機居然晚點，一家人都在等著我吃年夜飯。「慢著，我們也先求個好彩頭，風生水起撈魚生吧。」大家照著我的指導，有模有樣地撈起（撈喜），撈起之後，終於小朋友忍不住問「撈魚生是什麼呀？」

撈魚生是一道菜，更是一個儀式。或者說它先是一種儀式，之後才算是一道菜。

西方上帝創造世界，在第七日按照自己的模樣造出了人類。在中國古老的傳說中，女媧也是每日造一生物，人類誕生日就被稱為人日，這天正是農曆正月初七日。《北史．魏收傳》（註）中引用，晉朝議郎董勛《答問禮俗說》記載：「正月一日為雞，二日為狗，三日為豬，四日為羊，

五日為牛，六日為馬，七日為人。……」在人類誕生這一點上東西方倒是驚人的相似。

既然是全人類的生日，慶祝必不可少，人日菜和七樣羹應運而生。廣東潮州人在正月初七的人日吃的就是「七樣羹」。「七樣羹」包括「大（芥）菜、厚合、芹菜、蒜、春菜、韭菜、芥藍」等蔬菜同煮，寄寓「新（芹）春發（蒜）大財（大菜），久（韭）合各人（芥藍）」的吉祥彩語，這也是大部分廣東人的習俗。而「七樣羹」的歷史可以可追溯至兩漢魏晉時代（南朝學者宗懍的《荊楚歲時記》記載）：正月七日為人日吃「七樣羹」。之後在中國南方，和日本（日本語稱之為七草）都以此為習俗，在人日當天煮七樣羹、粥以祈求好兆頭。或者將「七樣菜」洗好之後，就一起煮熟了再淋上香油，也是鮮美可口。後一

❸眾人在撈喜聲中，為來年討個好彩頭。

種吃法，以及以食材寓意好彩頭的風俗被認為是撈魚生的前身。算上七菜，那「撈魚生」可有兩千歲了。

「七菜」何時變成青紅椒、西芹、紅白蘿蔔絲，為何加入生魚，具體不可考。但中國古代早有吃生魚的傳統，膾炙人口就是一說。李調元《南越筆記》中更有：「粵俗嗜魚生，以鱸以鯉以白以黃魚以青鱭以雪 以鯇為上。鯇又以白鯇為上。以初出水潑刺者，去其皮刺，洗其血腥，細膾之以為生，紅肌白理，輕可吹起，薄如蟬翼，兩兩相比，沃以老醪，和以椒芷，入口冰融，至甘旨矣。」可見粵人自古有吃魚生的習慣，只是以淡水魚為主。而「魚」是「餘」的諧音，年年有餘的吉祥寓意，看來七菜和生魚的拌食倒是水到渠成。

清末民初「撈魚生」在廣州附近佛山南海的九江鎮非常盛行，粵語中撈起有「拌」的意思，正是用菜拌生魚而食，這道菜成了當時必備的人日菜。直到一九四〇年代，香港廣州一帶在春節和人日還有「撈個風生水起」風俗，連路邊攤大排檔都在賣。大家在拌菜的當下也說上吉利話討個好兆頭。最後據說是生魚出現衛生問題，這才逐漸蕭條了，但魚生至今仍然是一道廣州佳餚有跡可循。

「撈魚生」雖然源自中國廣東，但卻在新加坡、馬來西亞得到傳承和新生。只是菜色、配料都有所不同，種類也更加繁多，儀式和程式更是講究了許多。

七彩魚生成為南洋獨有的特色。而魚生的名目也變得多樣化，如「發財魚生」、「鴻運魚生」、

「興旺魚生」、「富貴魚生」等，配菜仍選七樣切絲，有西芹絲、紅蘿蔔絲、薑絲等，加上花生、腰果等乾果碎。主角從之前人們習慣的鮮美的淡水魚改成西刀魚、三文魚，現在連鮑魚，龍蝦都加入，極盡奢華。

這樣賣相食材俱佳的七彩魚生，可不似從前撈（拌）在一起就完事，細究起新馬「撈魚生」的程式也是大有學問：除了一定是春節開盤第一菜，在「撈魚生」的過程中，每加一樣材料都要說一句與其表達意義相關的吉祥話，例如倒入黃色的薄脆要說「滿地黃金添富貴」；放酸柑講「大吉大利大豐收」；胡椒粉加五香粉是「雙喜臨門福安康」；鮑翅意味「包羅萬有萬事興」。若是放入生魚片，則要說「年年有餘」。這些食材都放好後，添加醬料必不可少，七彩魚生的醬料口

❹ 撈魚生是對新年的美好期待。

味也更加當地化，特製的醬汁通常會含有麥芽糖及酸柑汁等，再撒上白芝麻、花生碎、五香粉及胡椒粉等來調味。

等一切就緒，一個人發號施令，大家就開始用筷子將大圓盤中的各式食材高高地挑起撈（拌）勻，且筷子要舉過頭，表示該是「出頭」之日了，材料夾得愈高，也越表示來年能步步高升。同時高聲說著吉利話：一撈撈運氣，二撈撈福氣，三撈撈財氣，撈起撈起，撈到風生水起……借著廣東話撈起的諧音「撈喜」，表達期待新年好運連連的願望。待魚生徹底「撈喜撈勻」，便可食用，入口酸甜香辣雜陳，一口清爽，一口祝福。這樣可愛誠摯的人日儀式，頓時就炒熱了氣氛，宴會也在祥和歡快中正式開始了。

忙碌的現代人怎會有空準備這麼繁複的料

理？原來當地的超市早就有備好的魚生禮包，包裝漂亮，品種繁多，包裝上都注明了原料種類和供幾人食用。只要買回現成的魚生原料擺上桌，自己加入魚肉即可。當然，過年期間大大小小的餐館更是要在「撈起」聲中撈上一筆。所以在華人新年到新馬吃「撈魚生」是件太容易的事情了。唯一不可簡化的是儀式本身，當眾人熱熱鬧鬧提起筷子，挑起祝喜的年菜時，正不自覺中重演著古老的祝福。因為口味會變，時代會變，唯有對美好的期盼從未更改。

19

麵包的故事

法國人說「一頓晚餐比一首詩價值更高。」不僅體現了把美食當藝術看待的人文精神，也彰顯了法國人對飲食嚴謹和尊重的態度。

以藝術的手法經營美食，不是法國人的專利。在新加坡，也有人一心追求超越食物自身的價值，知道吃可以帶出優雅和高品質，那麼，循藝術的途徑打造品牌，有何不可？

最近有機會，和一位餐飲行業的翹楚深談，他說：「沒有不斷學習，就沒有創造力……美學一直存在我的事業中。」

在他的內心嚴謹的商業經營可以很藝術，因為藝術本質就是嚴謹的，不斷學習創造和鑽研才是基石。他充滿對生活的熱愛，留意一切新奇美好的事物，年輕時因為好奇去學做漂亮的龍鬚糖，也正是龍鬚糖千絲萬縷的牽引，為他打開了這道門，從親自手繪的騰龍標誌，到美室裡的美食天堂，他讓一個精彩的麵包故事，開枝散葉。

這個人就是郭明忠博士，BreadTalk 集團的主席。也是我非常尊重的一位前輩。

年初，我的朋友從上海來新加坡旅遊，我們去了一些著名景點，第二天她突然提出讓我驚訝的要求，要去看看新加坡的麵包物語（BreadTalk）和旗下品牌店。

我離開中國的這些年，正好錯過了 BreadTalk 在中國的大展宏圖。BreadTalk 從新加坡走向世界，七百多家分店的美食地圖迅速拓展，但並沒有影響每一間店的鮮明特色，每一次新產品的推出和促銷都結合著驚喜和創意。「如果他們只關注食品本身，遠不可能達到這樣的成績。」我的這位上海朋友從事會展行業，對麵包物語在二〇一二年的新品發表會，印象特別的深刻，上海麵包物語旗艦店變身為發表會現場，一部浪漫的愛情微電影，伴隨娓娓道來的麵包故事，男女主角的每一次相遇都有悸動和欣喜。她說這樣的行銷很藝術，也很高明，因為在創意中帶出了溫馨又高品質的暗示。所以她說是來新加坡「朝聖」的。

她的話讓我想起最初看到 BreadTalk 店名時的驚豔。不知道由來，卻被它深深地感染。BreadTalk 帶出了麵包流轉千年的精靈，有生命更有故事，一如龐貝古城裡保留至今的麵包似乎還有溫熱。在 BreadTalk 的理念裡，他們就是堅信麵包是有生命的，「從麵粉到發酵到烘焙，一直在不斷地變化，不是你捏成一個形狀它就會定型，它賦予自身獨特的個性，它是有生命力的。」郭先生侃侃而談，若沒有對美的執著，沒有敏感又藝術的情懷，應該不會有這樣深刻的感受，更不會有 BreadTalk 獨特命名的得來。

BreadTalk 賦予了麵包嶄新的市場生命，又或是麵包的特性成就了 BreadTalk 的美食世界。猶如史前就已誕生的酵母恰好散落在潮濕的麵團上才有了麵包，這偶然又完美的結合，早一分遲一步，恐都會有落差。

為了打造充滿藝術感的美食世界，學藝術出身的郭先生收藏了很多名家畫作吸取養分，行萬里路感受不同文化的美學應用，卻感歎，許久沒時間提筆畫畫了。可我卻分明感到，他那份對藝術的嚮往，早已在他的麵包世界中定格成最可愛的畫作。

畫作中「美室裡的美食」概念貫穿到整個集團經營的細枝末節。小到大食代攤點的點心包裝、

❶ 麵包物語第五代店面，簡潔現代。

招牌的顏色、食物模型的逼真度、麵包物語的店面更新、空間設計……大到整個經營理念，以及營銷的模式。

早期，在新加坡的食閣都用塑膠盤子盛盤做買賣的當兒，大食代的花生糖就裝在青花瓷裡；在大家把麵包店開到鄰里社區時，位於高檔商業區的麵包物語，早已從原有的水晶切割的華麗，返璞轉型到優雅的法式風格中，在更低調的氛圍中詮釋麵包之美；當新加坡的海南咖啡還守在海南街的檔口時，土司工坊早就將懷舊南洋風搬到了大中華各地；當有餐館推崇食不厭精，極盡奢華，杯盤疊加時，新加坡的鼎泰豐分店永遠還是幾樣經典菜色，深得少即是多，即為美的精髓。

好不容易有人跟上了美室裡美食的腳步，他們卻又邁開了，走遠了。因為這位「麵包大王」

❷麵包物語第五代店面，簡潔現代。

❸大食代的設計風格，將小吃檔口打造成美食天堂。

深知：麵包烘焙，永遠都有驚喜和未知，每一個麵包都將與眾不同。唯一不改的是不斷改變，唯一不變的是不斷學習，走向更美好的風景……。

2

3

【跋】

離開磨盤

有時真不敢相信已到而立之年，青春一路遠去，仔細想來卻無法給自己一個交代。小時候父親說我懵懵懂懂，不曾想懵懂三十幾年。偶爾回想起過去，更像在讀別人的故事，要對號入座都變得困難。若是暢想未來，我想要的未來……我便想起了這樣的詩句：「從明天起，做一個幸福的人／餵馬，劈柴，周遊世界／從明天起，關心糧食和蔬菜／我有一所房子，面朝大海，春暖花開。」或許關注和體味生命本身的神奇，才是我想要的生活。

之後我便想擁有一本自己的書，它應該有生活中最平凡最自然的滋味，卻是最深刻最真實的回味。於是就自不量力了，為了一件值得期待的事，我努力著，記錄著，只對原汁原味的生命負責。很幸運，因為臺灣商務印書館的方總編青眼相待，這本書有了最終完成的動力。

《滑落心際的滋味》是我對這些年品味過的，最平凡小食的回味，更是那些滑落心際的滋味，隨意地糾結與綻放。寫作的過程中雖歷經種種瑣事的干擾，跌跌撞撞還是來到最後階段。回顧全書，到了掰著手指腳趾都數不過來的年紀，字裡行間仍時而按捺不住地，蹦出幼稚單純的情感來。好與不好？我想，堅持自己的特色，追隨自己心的方向就是好的，不然即便東施效顰，也只是蒙了眼睛的驢子，圍著他人的磨盤打轉，終有迷失於塵土的一日。

今天，為自己寫序了，心情有點複雜。臨門一刻有些膽怯，可轉念想過，當渴望認同的時刻，或許更應做回自己，把記憶掏出來，將期待刻上三生石吧。從今天起，只做一個幸福的人。

當然這本書，如果沒有各位親朋的支持，可能早就石沉大海。在此感恩我可敬的父母和可愛的家人，感謝郭明忠博士、嚴孟達先生、柯木林先生、莊憲明先生，感謝臺灣商務印書館的編輯們，以及積極幫我補拍配圖的朋友們。謝謝大家。

謹以此書獻給我親愛的外婆，王金蘭女士。

滑落心際的滋味

作　　者：鍾　華
發 行 人：施嘉明
總 編 輯：方鵬程
主　　編：葉幗英
責任編輯：王窈姿
美術設計：吳郁婷
校　　對：謝惠鈴

出版發行：臺灣商務印書館股份有限公司
編 輯 部：10046台北市中正區重慶南路一段三十七號
電　　話：(02)2371-3712　　傳　真：(02)2375-2201
營 業 部：10660台北市大安區新生南路三段十九巷三號
電　　話：(02)2368-3616　　傳　真：(02)2368-3626
讀者專線：0800056196
郵　　撥：0000165-1　　E-mail：ecptw@cptw.com.tw
網　　址：www.cptw.com.tw
臉　　書：facebook.com.tw/ecptw
部 落 格：blog.yam.com/ecptw

局版北市業字第993號
初版一刷：2014 年 4 月
定　　價：新台幣 350 元

ISBN 978-957-05-2926-5

滑落心際的滋味 ／ 鍾華 著. -- 初版. -- 臺北市：臺灣商務,
2014.04
面 ； 公分. --

ISBN 978-957-05-2926-5（平裝）

1. 飲食風格

538.7 103004362